KB242348

MUSIC
ART
ANTHOLOGY

MUSIC
ART
ANTHOLOGY

음악이 머문 시선

유채훈 뮤직아트 작품집

samhoETM

이렇게 『음악이 머문 시선』이라는 책을 통해 인사드리게 되니 다소 어색하면서도 설렙니다. 저는 1988년생 유채훈이라고 합니다. 아직은 어리다면 어린 나이이기도 하고, 이제 어른이라 부를 만한 나이가 되기도 했지만 여전히 삶을 배워가고 있는 중입니다.

살아갈 날이 더 많은 제가 이 시점에서 용기를 내어, 한 번도 들려드리지 않았던 제 삶과 추억을 여러분과 나누어 보고자 합니다. 아프고 슬프고 그리운 순간들의 기록과 더불어 기쁘고 감사했던 시간들을 솔직하게 풀었습니다.

먼 훗날 이 책을 다시 펼쳐 볼 때 어떤 감정이 들지 벌써부터 궁금하고 기대가 되네요. 아직 한참 부족하지만, 저의 이야기가 여러분께 흥미롭게 다가가길 바랍니다.

2024년 겨울 문턱에서
유채훈

차례

Chapter I.

일상의 조각들

Episode

나는 예상치 못한 일들을 종종 겪곤 한다. 그중에서도 특히 기억에 남는 두 가지 에피소드가 있다. 첫 번째는 중학교 2학년 때의 일이다. 친구들과 약속이 있어 버스 정류장으로 가던 길에, 주머니를 뒤져 보니 얼마 남지 않은 용돈에 한숨이 나왔다. 속으로 '아, 하늘에서 만 원만 떨어졌으면 좋겠다!'라고 우스갯소리를 떠올렸는데, 5분도 채 지나지 않아 어디선가 만 원짜리 지폐 한 장이 바람에 날려와 내 얼굴에 딱 붙었다. 순간 얼떨떨해져 그 자리에 한동안 멈춰 서 있다가, 현실임을 깨닫고 신이 나서 친구들이 있는 곳으로 달려갔다. 이 신기한 경험을 들려주며 들뜬 마음으로 설명했지만, 친구들은 믿지 않았다. 지금도 그때 친구들은 이 이야기를 그저 장난처럼 여기고 있다. 이 글을 읽고 있는 여러분도 믿을지, 웃어넘길지 모르겠지만, 정말로 일어난 일이다.

두 번째 이야기는 필름 카메라에 첫발을 디뎠을 때의 경험이다. 당시 나의 첫 카메라는 '니콘 F3'였는데, 사진을 배우고 싶어 모은 돈을 모두 털어 어렵게 중고로 장만한 것이었다. 그러나 얼마 지나지 않아 생활비 사정으로 인해 아쉽게도 카메라를 다시 중고샵에 내놓아야 했다. 힘들게 마련한 물건을 떠나보내야 했던 그 순간은 아쉬움으로 가득했다.

몇 달 후, 사진 모임에서 친하게 지내던 형이 "필름 카메라를 새로 샀다"며 내게 보여주었고, 그 카메라가 바로 내가 팔았던 '니콘 F3'였다. 깜짝 놀란 나는 형에게 이 카메라에 얽힌 이야기를 들려주었고, 나도 모르게 반가움과 신기함이 뒤섞인 감정을 드러냈다. 그러자 형은 "그렇다면 당분간 이 카메라를 네가 써보는 건 어떠냐?"라고 제안했지만, 이미 새로운 주인을 만난 카메라를 다시 쓰기에는 마음이 편치 않았다. 지금은 나보다 그 카메라를 더 애지중지해 줄 주인이 옆에 있으니 나도 만족스러울 뿐이다. 이 특별한 인연을 떠올리면 지금도 미소가 지어진다.

각 장면을 모아놓은 앨범

거울을 볼 때 내 머리카락에서 흰머리가 보인다. 새삼스레 볼 때마다 깜짝깜짝 놀란다. 대학생 때부터 집안 내력으로 새치가 있긴 했지만 30대 후반이 되면서부터 눈에 띄게 흰머리가 많아진 것 같다. 흰머리를 보며 대수롭지 않게 넘기기도 했지만 거울 속 조금씩 선명해지는 주름들이 낯설게 다가온다. 10대에는 빨리 20대가 되고 싶고, 20대에는 빨리 30대가 되고 싶었는데, 30대가 되니 다시 그 전으로 돌아가고 싶다는 생각이 든다.

어릴 때는 나이가 들고 어른이 되면 모든 걸 포용하는 멋진 사람이 될 줄 알았다. 영화 속 주인공들처럼 말이다.

하지만 현실은 달랐다. 흰머리가 늘어나고 주름이 생기면서 나는 마치 갑자기 나이를 먹은 것처럼 느껴진다. 아침에 일어나면 거울 속의 나를 보고 "이게 누구야?"라고 놀라게 된다.

다르게 생각한다면 내가 좋아하는 흑백사진처럼 대비가 선명해지고 완성되는 것 같다. 흰머리를 뽑아보려고 하다가도, '이거 하나 뽑는다고 뭐가 달라지겠어?'라는 생각에 포기하고 만다. 주름은 나의 웃음과 고민의 흔적이니 오히려 자랑스러울 때도 있다. 하루가 눈 깜짝할 사이에 지나간다. 그래서 요즘은 시간을 좀 더 소중히 여기게 되었다. 10대 시절에는 '빨리 어른이 되고 싶다'고 생각했지만, 지금은 '조금만 더 천천히 가도 괜찮을 텐데'라는 생각이 든다. 마치 내 인생의 각 장면을 모아놓은 앨범을 보는 것 같다. 흰머리 하나하나, 주름 하나하나에 나의 이야기가 담겨 있다.

지금의 나는 과거의 나와 달리 나이가 들면서 더 자유로워지고 있는 것 같다. 흰머리와 주름은 내가 살아온 시간의 흔적이자 앞으로 살아갈 날들의 예고편 같은 것.
그동안 겪은 모든 경험들이 지금의 나를 만들었고 나는
그 경험들 덕분에 모든 순간을 즐기면서 살아가고 있다.

이렇게 매일매일 흰머리와 주름을 보며 내 인생의 한
페이지를 넘기는 기분이다. 그리고 나는 그 페이지마다
새로운 이야기를 써 내려가고 있다. 설레는 날들이다.

Chapter 1.

오히려 좋은 쉼

원래 잠을 푹 자지 못했다. 학창 시절부터 그랬다. 늘 이른 저녁 일몰과 이른 아침 일출의 분위기를 좋아했다. 특히 음악과 사진을 시작하면서 해지기 전과 해 뜨기 직전의 색을. 그 푸르스름하고 차분한 색감은 마치 내 마음을 어루만져 주는 듯하다. 요즘은 잠을 푹 자지 못해도 억지로 잠에 들려 하지 않는다. 생각이 많아지고 잠을 못 자서 더 많은 생각들이 떠오를 때 나는 오히려 그 시간을 즐기게 됐다.

잠이 오지 않는 밤에는 별별 생각들이 머릿속을 가득 채운다. 만약 노래를 할 수 없는 상황이 된다면, 나는 무엇을 해야 할까? 행복이란 무엇일까? 다른 선택을 했다면 지금쯤 어떤 삶을 살고 있을까? 이 생활은 언제까지 이어질까? 내가 얼마나 더 노래를 부를 수 있을까? 이런저런 생각들이 머릿속을 맴돌며 나를 풍부하게 만든다.

하지만 이런 생각하는 순간들이 나에게는 오히려 좋은 쉼이 된다. 조금은 무료하고 고요한 그 시간대에 널브러져 있는 내 상태. 이 고요한 상태를 즐기게 됐다.

어쩌면 이런 시간이야말로 나에게 필요한 진정한 휴식
일지도 모른다. 잠을 자지 못해도 그 푸르뎅뎅한 새벽의
색감과 고요함 속에서 나는 나만의 시간을 만끽한다.

이대로 좋을 듯한
오늘의 여름

Chapter 1.

27

짠 내음

어린 시절부터 성인이 될 때까지 경상북도 포항에 살았으니 바다는 내게 단순한 자연 경관이 아닌 고향의 일부라고 본다. 바다의 짠 내를 깊게 들이마시고, 부드러운 모래를 손끝으로 느끼며 놀던 그 시절은 나의 근본이 되어버렸다. 그래서 사진을 찍기 시작한 후, 가장 사랑하는 출사지는 늘 바다였다. 그 넓고 푸른 풍경 속에서 나는 무언가 진정한 것을 찾았던 것 같다.

대학 생활을 서울에서 시작하면서부터는 바다를 자주 보지 못했다. 핑계같아 보여도 음악 활동으로 바쁜 일정을 소화하면서도 바다를 찾을 시간이 부족해서. 그래서 바다는 더 그리운 존재가 되었다. 서울의 복잡한 도심 속에서 바다는 단순히 먼 기억 속의 장면이 아니라, 내 마음 깊은 곳에서 간절히 기다리는 그리움으로 남아 있다. 바다의 푸름과 넓이는 서울의 도시 풍경과는 완전히 다른 차원의 평온함을 선사해 주기 때문이다.

　　이제는 바다를 직접 볼 수 있는 시간이 적더라도, 내 마음속에는 여전히 바다의 파도 소리와 그 짠 내음이 남아 있다. 바다는 내게 단순한 출사지 이상의 의미를 가지며, 나의 본질과 깊은 연결을 지닌 소중한 공간이다. 바다의 기억은 시간이 지나도 변하지 않고, 나에게 언제나 그리운 존재로 남아 있다.

밑거름

음악 활동을 제외한 일상에서 나를 편안하게 해주는 몇 가지 취미가 있다. 그중에서도 오랫동안 애정을 쏟아 온 취미는 사진 찍기다. 좋아하는 카메라를 손에 들고 거리를 어슬렁거리며 세상을 담는 시간이 참 좋다. 사진을 찍을 때 특별히 멋진 결과물을 만들겠다는 목표는 없다. 그저 셔터를 누르며 순간을 기록하는 그 자체에 의미를 두는 것이다. 카메라를 들고 거리를 걷다 보면 사람도 보이고, 풍경도 보이며, 마음이 차분해지고 잡생각이 사라지는 기분이 든다.

최근 들어 운동에도 다시 관심을 갖기 시작했다. 바쁜

일정으로 체력 관리를 소홀히 하게 되었고 피곤함 때문에 헬스장에 가는 것조차 힘들 때가 많았다. 하지만 체력을 단련하지 않으면 오히려 더 큰 문제가 생길 수 있다는 생각에 짧은 시간이라도 운동을 하기로 결심했다. 운동은 단순히 다이어트나 몸매 관리를 위한 목적도 있지만, 무엇보다 집중할 수 있는 짧은 그 순간이 소중하다. 운동을 할 때는 복잡한 생각들이 사라지고 몸을 움직이며 몰입하는 그 순간이 마음의 힐링이 된다.

이런 취미들은 단순한 여가 활동을 넘어 나에게 정신적인 안정과 새로운 에너지를 충전해 주는 소중한 시간이다. 내가 좋아하는 일을 통해 삶의 작은 행복을 찾는 일이 더 큰 성취감을 쌓아가는 데 중요한 밑거름이 된다고 생각한다.

라포엠

　라포엠 멤버들과 함께하는 촬영은 언제나 잊을 수 없는 특별한 순간의 연속이다. 팀이 처음 결성될 당시만 해도 그룹 활동이 가져다줄 에너지를 예상하지 못했다. 주변에서도 그룹 활동의 복잡함과 갈등을 우려하는 목소리가 많았으나, 시간이 지날수록 멤버들 간의 끈끈한 유대가 쌓이며 우리 팀은 오히려 더 단단하고 유연하게 서로를 이해해 가고 있음을 느꼈다.

　활동 초기에는 각자의 스타일과 개성이 뚜렷해 조율이 필요한 순간도 많았다. 무대와 다양한 촬영을 준비하다 보면 피곤할 때가 많았지만, 그럴 때마다 서로를 챙기고 격려하며 어려움을 함께 견뎌냈다. 한 번은 방송 촬영을 위해 새벽부터 리허설을 시작했는데, 모두 지친 상황에서도 멤버들이 하나둘 장난을 치며 긴장된 분위기를 풀어주는 순간이 있었다. 피곤한 얼굴이 순식간에 웃음으로 바뀌면서 무거운 공기가 가벼워졌고 그날 무대는 예상보다 훨씬 좋은 반응을 얻었다. 이러한 순간들이 쌓이면서 우리는 단순한 동료가 아닌 서로에게 가장 든든한 존재로 자리매김하게 되었다.

수많은 촬영과 무대에서 돌이켜보면, 우당탕탕한 순간도 많았지만 멤버들 덕분에 모두 추억이 되었고 매 순간이 즐거웠다. 시간이 지나도 멤버들과 함께한 이 경험들이 내게는 소중하고 뜻깊은 기억으로 남을 것이다.

루틴

    사람마다 자신만의 루틴이 있다. 이는 일상 속에서 자연스럽게 형성된 습관으로 각자가 최상의 컨디션을 유지하기 위해 찾아낸 방식이다. 가까운 예로, 라포엠 멤버들을 보면 모두 각기 다른 루틴을 가지고 있다. 예를 들어 성훈이는 스케줄 전후로 술을 마시지 않으며, 이는 최상의 컨디션을 유지하기 위해 정한 자신만의 규칙이다. 반면 민성이는 공연 전날 적당히 술을 마시는 것이 성대에 더 좋다고 느껴 가끔씩 술을 마시기도 한다.

    기훈이는 공연 전에 얼음물을 많이 마시는 습관이 있다. 차가운 물이 목 상태를 더 좋게 만든다고 믿기 때문이다.

이러한 각자의 루틴은 오랜 시간 몸을 관찰하고 실험한 끝에 얻어진 결과이다. 나 역시 공연 전에 2~3시간 동안 공복을 유지하는 습관이 있다. 이 방법이 내 몸과 목 상태를 최상의 상태로 만든다는 확신이 있기 때문이다. 특히 해산물은 공연 며칠 전부터 당일까지 절대 먹지 않는 철칙이 있다. 해산물이 내 몸에 부정적인 영향을 줄 수 있다고 생각하기 때문에 이를 철저히 지키고 있다.

라포엠 활동을 하면서 생긴 루틴 중 하나는 공연 중에 멤버들을 바라보는 습관이다. 관객을 마주 보고 노래하는 것도 물론 중요하지만, 멤버들과 눈을 마주칠 때마다 몸과 마음이 이완되고 긴장이 풀리며 조금 더 안정된 기분이 든다. 그들을 바라보는 것만으로도 든든함이 느껴져 이제는 자연스러운 루틴으로 멤버들을 바라보게 된다. 이처럼 같은 그룹에 속해 있더라도 각자 자신에게 맞는 방법을 찾아 따르는 모습이 꽤 재미있다.

팬들이 가끔 공연 때 도시락 서포트를 준비해 주실 때가 있는데, 내 루틴 때문에 마음껏 먹지 못해 아쉬울 때가 많다. 공연 전 아무것도 먹지 않는 나의 또 다른 루틴 탓이다. 그럼에도 불구하고 팬들의 정성 어린 마음을 느낄 수 있어 항상 감사하다. 공연을 보러 와주는 것만으로도 큰 힘이 되는데 이렇게 몸까지 챙겨주시는 모습을 보면 더욱 든든하다. 팬들의 응원과 사랑은 언제나 나에게 힘을 주는 원동력이며 그들을 위해서라도 항상 최상의 상태를 유지하고자 한다.

결국 각자의 루틴은 자신을 돌보고 더 나은 상태를 유지하기 위한 중요한 과정이다. 자신만의 방법으로 몸과 마음을 챙기며 이를 통해 최상의 퍼포먼스를 발휘하는 것은 누구에게나 필요한 일이다. 이렇게 작은 습관들이 쌓여 큰 변화를 만들고, 매 순간을 더 완벽하게 만들어 준다.

Chapter 1.

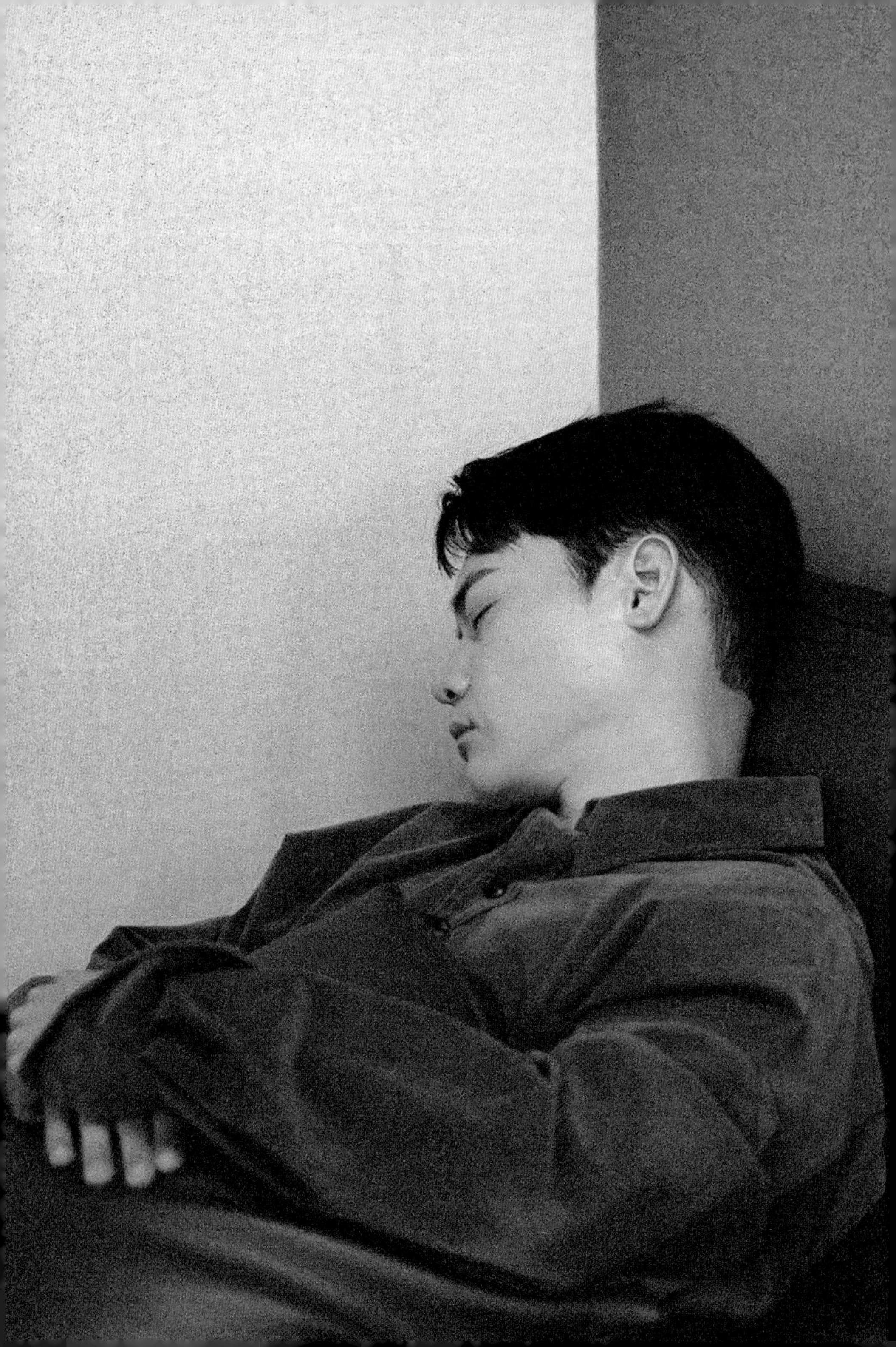

공연이 끝난 이후의 이야기

공연이 끝나면, 마치 꿈에서 깨어난 것처럼 모든 것이 비현실적으로 느껴진다. 공연이 진행되는 동안은 시간과 공간을 잊고 무대 위에서 오롯이 노래에 몰입해 팬들과 교감하는 그 순간이 너무나 달콤하고 화려하다. 하지만 공연이 끝나고 현실로 돌아오면, 그 순간이 너무도 빨리 지나가 버렸다는 생각에 사로잡힌다. 마치 아름다운 꿈에서 갑작스럽게 깨어난 듯, 찰나의 순간들이 생생히 남아 머릿속을 떠다니지만, 이제는 그 모든 것이 끝났다는 사실에 공허함이 밀려온다.

공연 전 금식을 하기 때문에 집에 도착할 즈음이면 배

EX-OIL
OIL

가 고파진다. 지친 몸과 정신으로 집에 들어가 컵라면을
끓이고 김치를 곁들여 먹으며 무대 위의 내가 과연 현실
이었나 싶을 정도로 현실감이 없다. 무대에서 느꼈던 모
든 감정과 열정이 공연이 끝나자마자 순식간에 사라져
버린 듯한 허전함이 몰려온다. 긴장이 풀려서 그런 걸
까, 아니면 공연이 끝난 후의 시원섭섭한 감정 때문일
까? 그 이유가 무엇이든 그 순간의 감정은 늘 나를 깊은
생각에 빠지게 한다.

특히 공연이 끝난 후, 팬들이 공연장을 떠나는 모습을 바라볼 때면 더욱 많은 생각이 든다. 응원봉을 손에 들고 굿즈 티셔츠를 입은 팬들이 정류장에 서 있는 모습을 보면 그들이 공연 중에 느꼈던 감정을 상상하게 된다. 멀리서 와 나를 응원해 주고 내 무대를 즐겨준 팬들에게 너무나도 고맙고, 그들의 정성에 감동한다. 하지만 동시에 미안한 마음도 든다. 공연이 끝나면 나처럼 공허함을 느낄까? 그들이 느꼈을 감동과 즐거움이 클 테지만 공연 후 '나처럼 허전한 감정을 경험하지는 않을까?' 라는 생각이 스쳐 지나간다.

팬들의 얼굴에서 공연의 열기가 점점 사라지고 일상으로 돌아가는 그 짧은 순간을 바라볼 때면, 나 역시 조금 더 깊은 감정에 잠긴다. 공연이라는 특별한 순간은 결국 한순간에 불과하지만, 그 순간은 우리 모두에게 오랫동안 남을 소중한 기억이다. 그래서일까, 팬들이 공연장을 떠나는 모습을 볼 때마다 그들의 마음에도 나와 같은 허전함이 남아 있지는 않을까 하는 생각이 든다. 공연 후의 이 공허함은 단순한 피로가 아니라, 그 순간의 여운이 마음속에 깊게 남아 길게 울리는 것이다.

소회
[명사] 마음에 품고 있는 회포

2022년

2022년이네.

2021년, 정말 열심히 했다.

정말 인생에서 가장 열심히 살았다. 이렇게 최선을 다한 적은 없었다.

괴로웠고, 행복했고, 감사했다. 그리고 노래하는 삶을 살 수 있게 해준 팬분들께 그저 사랑한다는 말을 전하고 싶다. 나는 늘 스스로를 못난 사람이라고 생각했지만, 사실은 그렇지 않았음을 깨달았다.

2021년 나의 서른네 살, 안녕.

2022년 나의 서른다섯 살, 농익어가자.

Chapter 1.

한 해가 이렇게 지나갔다. 올해도 역시 열심히 살았다.

신경 써야 할 일들이 많았지만, 정작 나 자신은 제대로 돌보지 못했다. 몸도 마음도 조금 지쳐있다. 집에 돌아오면 늘 공허하고 허전하다. 이유는 모르겠지만, 아무도 이 마음을 채워줄 수는 없었다. 우울함과는 다른 어떤 감정인데, 그게 무엇인지 나도 잘 모르겠다. 그저 허무하다.

가끔은 미친 듯이 웃다가도 이내 허무하고 부질없다는 생각이 든다.

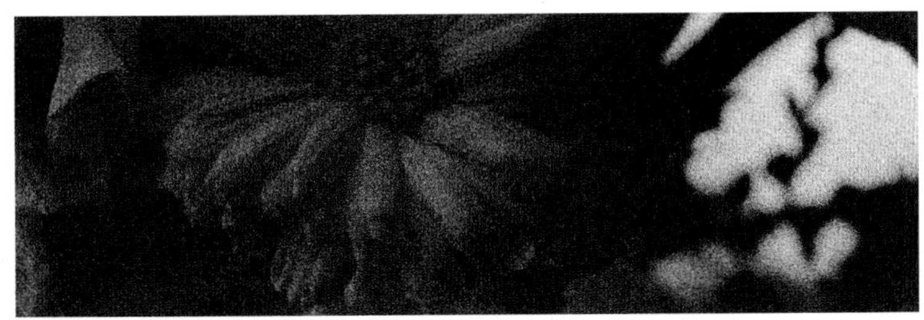

거울 앞에 서서 내 모습을 뚫어지게 쳐다보았다. 내가 이렇게 생겼구나. 눈가와 입가에 주름이 더 늘었다. 흰머리도 부쩍 많아졌다. 원래도 새치가 있었지만 이 정도는 아니었는데…. 손으로 머리를 헤집어 보니 정말 백발처럼 하얗다. 새치 염색을 두 달 동안 하지 않으니 있는 그대로의 모습이 드러난다. 나야 상관없지만 남들이 보기 좋지 않으니 내일은 꼭 염색을 해야겠다.

너무 쉬지 못했다. 바다에 가고 싶다. 한동안 쉬고 싶지만 그럴 수가 없다.

사람들이 참 재미있다. 얼마 전 친한 지인이 말했다. "네가 이렇고 저렇고 하더라." 그 상상력들이 참 대단하다. 불쌍하다는 생각이 들었다. 그래, 나는 그저 껍일 뿐이다.

고생했다, 유채훈아. 푹 자고, 잘 먹고, 잘 버티자. 내년에도 힘내자.

Chapter 1.

　지난 2023년은 일로 가장 바빴던 해였다. 감사하게도 굵직한 스케줄이 연이어 잡혔고, 앨범과 콘서트, 각종 행사와 프로젝트에 쉬지 않고 참여했다. 노래가 직업이 되고 음악이 내 일이 되는 현실을 다시금 실감했다. 하지만 무엇이든 일로써 접근하면 고되고 힘들다는 사실을 깨달았다.

　바쁜 일상에서 가족과 주변 사람들을 자주 보지 못하고 챙기지 못했다. 어쩌면 당연한 결과겠지만, 인간관계란 늘 상대적이기에 아쉬움이 남는다. 연말이 되니 유독 인간관계에 대한 생각이 많아졌다.

　살다 보면 환경이나 상황에 따라 만나게 되는 사람들이 달라진다. 특히 일과 관련된 관계는 더더욱 그렇다. 부서를 옮기거나 일을 그만두면서 새로운 사람을 만나고, 다시 알아가고 이해하는 과정이 반복된다. 좋은 경험이기도 하지만 동시에 엄청난 에너지를 소모하게 하는 일이다.

그럼에도 사람은 사람을 필요로 하며 홀로서기만으로는 삶을 살아갈 수 없는 존재라는 것을 깨닫는다. 현대인들은 너무 많은 사람과 관계를 맺으며 얽혀 있고 관계가 많을수록 삶이 윤택해진다고 착각한다. 결국 정말 편안한 관계는 소수에 불과하지만, 우리는 자꾸 관계를 늘리고 집착하게 된다.

2024년에는 이미 많은 일정이 잡혀 있다. 아마 작년보다 더 바쁜 한 해가 될 것이다. 감사해야겠다. 그리고 옆 사람들과의 관계를 조금 더 지혜롭게 헤쳐 나가고 싶다. 올해의 계획은 그렇다. 관계에 대해 조금 더 진지하게 생각하고 행동하는 사람이 되자. 그리고 건강을 챙겨야겠다. 이제 30대 후반에 접어들면서 몸이 예전 같지 않다. 컨디션 회복이 더뎌지고 몸이 예전처럼 말을 듣지 않는다. 아직 젊을 수는 있지만, 테너이자 가수로서 내 몸을 악기처럼 잘 관리해야겠다는 생각이 든다.

2022년, 2023년, 그리고 2024년. 매년 새해가 오면 블로그에 그해의 설렘과 기대감, 그리고 나의 소회를 기록해 왔다. 이제 2024년이 마무리되는 이 시점에서 다가올 2025년 첫 블로그 글에 어떤 소회를 남길지 궁금하다.

매년 그해가 가장 바빴다고 말하는 걸 보면 나는 정말 열심히 살고 있는 것 같다. 그리고 다시 한번 감사한 삶이라는 것을 느낀다.

Chapter I.

Chapter 2.

렌즈 뒤의 순간

교향곡과 명암

컬러가 풍부한 현대 사회에서 흑백사진은 아날로그적이고 레트로 형태의 특별한 의미를 갖는다. 색깔이 없는 흑백사진 속에서는 세상의 복잡함과 소음이 사라지고, 사진에 있어서 꼭 필요한 최소한의 기본적인 요소들만이 남는다. 이것은 마치 수많은 색깔의 레인보우 사이에서 불쑥 튀어나온 차가운 청록색과도 같다. 흑백사진은 우리가 잊고 지냈던 단순한 아름다움을 다시 발견하게 해준다.

흑백사진은 단순히 색깔이 없는 것이 아니라, 그 자체로 독특한 감정을 전달한다. 컬러가 아닌 흑백으로 찍힌

사진은 순간의 본질을 더욱 강조하며, 그 순간의 진솔한 감정을 고스란히 담아낸다. 짧고 소중한 순간들이 흑백의 선명한 대비 속에서 더욱 생생하게 기억된다. 현대 사회가 화려한 색깔로 가득 차 있을 때, 흑백사진은 오히려 그 단순함 속에서 특별함을 찾을 수 있는 기회인 셈이다. 명과 암, 빛과 어둠 사이에서 살아나는 그 풍경은 흑백사진만의 매력이다.

클래식 음악과 흑백사진의 큰 공통점이 있다면 마치 오래된 와인처럼 시간이 지날수록 그 가치가 더욱 빛나는 존재들이라는 것. 클래식 음악은 음악 역사에서 가장 긴 전통을 자랑하며, 흑백사진은 사진의 역사 초창기부터 존재해 왔다. 이 두 가지는 시대를 초월하여 여전히 많은 사랑을 받고 있다. 이유가 뭘까? 흑백사진과 클래식 음악은 유행을 타지 않는다. 트렌드에 휘둘리지 않고 그 본질적인 아름다움과 감동을 우직하게 유지한다. 클래식 음악의 교향곡과 흑백사진의 명암은 어떤 시대적 변화에도 변하지 않는 고유의 매력을 지니고 있다. 이들은 모든 시대의 사람들에게 본질적인 감동을 전달하며,

그 자체로 변하지 않는 아름다움을 보여준다.

　사진을 찍으면서 느끼는 이런 감정은 마치 클래식 음악을 감상할 때의 그 깊은 감동과 유사하다. 클래식 음악의 서정적인 멜로디와 흑백사진의 진중한 분위기는 시간이 지나도 변하지 않는 아름다움을 제공한다. 그래서 우리는 이 두 가지 모두에서 특별한 감동을 느끼고 그 소중한 순간들을 오래도록 기억할 수 있는 것이다.

Photograph

존재감

휴대폰으로 내가 비춰지게 찍는 셀프카메라. 나에게
는 도저히 익숙해지지 않는다. 셀카는 나에게 마치 숨겨
진 감정을 꺼내놓는 무대처럼 느껴지지만, 나는 그 무대
에서 주인공이 되기엔 어색하다. 타인의 사진을 찍어주
는 것은 내 마음속에 있는 촬영기의 소리를 멈추지 않으
면서도, 내가 아닌 다른 사람의 스토리를 담아내는 과정
이 된다. 하지만 내가 찍히는 순간은 나의 감정이 진정
으로 반영되지 않는 메마른 스냅샷이 되는 것처럼 느껴
진다.

내가 찍는 사진 속에서 나는 나만의 색깔을 드러낸다.
나의 내면이 드러내는 내 감정의 고백과도 같다. 그러나

불특정 다수에게 노출되는 사진 속 나의 모습은 어떤 감정의 흐름도 무시당한 채 일관된 표정을 강요받는 듯하다. 마치 나는 하나의 상품처럼 포장되어, 감정의 풍경이 아닌 겉만의 이미지를 보여주는 것이다.

자칫 본다면 모순. 때때로 나를 혼란스럽게 한다. 많은 사람들 앞에서 노래하고 대중의 시선에 노출되는 직업을 가지고 있으면서도, 스스로의 셀카 한 장이 그렇게 낯설고 불편하다는 사실은 아이러니하다. 대중에게 공개되는 내 모습과 나만의 개인적인 순간에서의 불편함 사이에는 어쩔 수 없는 모순이 있다. 나는 나의 진정성을 유지하면서도, 동시에 나를 감추는 방법을 찾아야 하는 복잡한 생각이 있다.

유일하게 나만의 방식으로 편안하게 셀카를 찍는 방법이 있다면 바로 거울 앞에서 찍는 것이다. 거울에 비친 내 모습으로 셀카를 찍는 것은 일부러 거울을 찾아다니면서 찍는 것이 아니라, 손에 카메라가 있을 때 우연히 거울이 보이면 그저 셔터를 누르는 것이다.

거울에 비친 내 모습은 그 장소와 시간이 함께 담겨 있어, 마치 내가 그 공간에 있었음을 상기시켜 준다. 이런 거울 셀카는 추억의 조각들이 아니라 그 순간의 존재감을 담은 작은 역사처럼 느껴진다.

이 사진들은 나의 존재를 순간적으로 포착하며, 단순히 기록이 아닌 그 순간의 내 감정과 기분을 고스란히 담아낸다. 일상의 소소한 순간들을 기록하면서, 나의 내면과 감정을 비추는 거울 같은 사진들. 그런 셀카들은 내가 어떤 공간에서 어떤 기분이었는지를 온전히 남기며, 흔히 지나치기 쉬운 일상에서 마주하는 작은 순간들이 어쩌면 가장 진솔하고 소중한 기억이 될 수 있다는 사실을 알려주는 것 같다.

나의 두 번째 루틴

사진을 업로드할 때, 인스타그램과 네이버 블로그는 각기 다른 기준이 적용된다. 인스타그램에서는 한 번에 올릴 수 있는 사진의 양이 제한되어 있고, 여러 장을 올리더라도 가장 앞에 노출되는 사진은 한 장뿐이다. 그래서 나는 주로 시각적으로 가장 강렬하고 눈길을 끌 만한 사진을 선택하는 데 집중한다. 사람들의 관심을 끌기 위해 매력적인 사진을 선정하는 것이 무엇보다 중요하다.

반면, 블로그는 한 번의 포스팅에서 각 사진마다 글을 자유롭게 쓸 수 있는 점이 큰 장점이다. 또, 블로그에 업로드할 수 있는 사진의 양이 많아 여러 장을 고를 때 시간적인 부담이 덜하다. 블로그의 특성상, 각 사진과 함께 스토리텔링을 결합할 수 있어 내가 전달하고 싶은 이야기나 감정을 더욱 깊이 있게 표현할 수 있는 점도 매력적이다.

인스타그램의 장점은 촬영한 사진을 실시간으로 올릴 수 있다는 것이다. 찍은 순간의 감정과 분위기를 그대로 전달할 수 있어 팬들과의 소통이 즉각적이고 자연스러운 느낌을 준다. 반면, 블로그는 하나의 포스팅을 작성하기 위해 적합한 사진을 모으고, 이에 어울리는 글을 고민해야 하므로 준비 과정이 더 길고 세밀하다. 이 과정에서 나는 어떤 이야기를 전하고 싶은지, 전달할 메시지를 깊이 있게 고민하게 된다.

결국, 각 플랫폼은 나에게 서로 다른 방식으로 사진을 선택하고 이야기를 전달할 기회를 준다. 인스타그램은 짧고 강렬한 순간을 공유하는 데 적합한 반면, 블로그는 나의 경험과 이야기를 깊이 있게 풀어낼 수 있는 공간이다. 이러한 차이를 이해하고 활용하며, 각 플랫폼의 특성에 맞는 사진을 선정하고 그에 맞는 글을 작성하는 것이 중요하다고 생각한다.

　각 플랫폼에 글과 사진을 공유하는 일은 소통을 위한 나만의 또 다른 루틴이다. 내 자체적인 루틴도 있지만, 사진을 공유하며 소통할 수 있는 또 하나의 루틴이 있다는 것은 참 의미 있는 일이다.

Chapter 2.

돌이켜보니 삶의 모든 순간이
결정적 순간이었다.

　내 카메라는 오랜 시간 곁에 두고 즐겨온 유일한 장난감이다. 마음에 드는 결과물을 얻기 위해 사진을 찍기보다는 사진을 찍는 과정 자체를 즐기는 편이다. 특히 아날로그 카메라를 다룰 때 느끼는 감동과 긴장감은 디지털 카메라로는 결코 대체할 수 없는 경험이다.

　그중에서도 내 손에 가장 익숙한 카메라는 '라이카'다. 라이카는 손이 많이 가고, 세심함을 요구하는 카메라다. 자동 기능이 거의 없어 초점과 노출을 전부 수동으로 맞춰야 하고, 촬영 과정에서 모든 설정을 조정해야 한다. 그 덕분에 나는 라이카를 다루면서 사진이 찍히는 메커니즘을 조금씩 이해하게 되었고, 사진을 구성하는 요소들을 더욱 주의 깊게 바라볼 수 있게 되었다. 이 카메라를 다루는 일은 마치 악기 연주와도 같다. 여러 번의 시도와 실수를 통해 점점 더 숙련되어 가는 것처럼 말이다.

음악 작업과 사진 촬영에는 여러 공통점이 있다고 느낀다. 멜로디를 떠올리고 그 멜로디를 악보에 옮겨 적어가는 작업처럼, 사진 역시 하나의 장면을 떠올리고 그것을 구체화해 가는 과정이다. 무엇을 찍을지 결정하고 조리개와 셔터 스피드, 초점 노브를 조정해가며 한 장면을 완성하는 일. 음악과 사진 모두 내면을 표현하는 예술이라는 점에서 큰 공통점이 있다. 이 두 작업 모두 결국 나 자신을 들여다보는 과정이자 내 시선과 감정을 담아내는 통로이다.

아날로그 카메라로 사진을 찍다 보면 예상치 못한 결과물이 종종 나온다. 내 실력이 부족할 때도 있지만, 간헐적으로 초점이 맞지 않거나 필름에 빛이 새어 붉게 타버린 장면을 마주할 때도 있다. 이런 실패작이 아쉽기도 하지만, 사실 이런 우연한 장면들이 필름 사진의 또 다른 매력이다. 완벽하게 통제할 수 없는 결과물에서 오는 예기치 못한 아름다움, 혹은 고유의 감성이 있다. 때로는 이런 우연한 실수가 더 인상적인 작품을 만들어주기도 한다. 그래서 나는 이 예측 불가능한 순간을 기다리며 셔터를 누르기도 한다.

이렇듯 아날로그 카메라와 필름 사진의 매력을 한층 더 느끼게 해준 사람은 바로 위대한 사진가 '앙리 카르티에 브레송'이다. 그는 평생 라이카 카메라와 50mm 렌즈 하나로 수많은 걸작을 탄생시켰다. 브레송은 결정적 순간을 포착하기 위해 끊임없이 장면을 관찰하고, 오랜 시간 동안 기다리며 부지런히 움직였다. 그의 사진은 역사적으로도 큰 의미를 지니며, 수많은 사진가들에게 영감을 주었다. 브레송은 사진가로서 알려져 있지만, 사실 그는 훌륭한 화가이자 영화 감독이기도 했다. 비록 그의 재능은 사진에서 가장 두드러졌지만, 여러 예술 영역에서 다재다능한 인물임이 분명했다.

"나는 평생 결정적인 순간을 쫓았는데, 돌이켜보니 삶의 모든 순간이 결정적 순간이었다."

그가 말년에 했던 한마디는 깊은 인상을 남긴다. 이 말은 단순히 사진을 넘어 삶 전체를 관통하는 의미를 담고 있다. 우리의 일상에서 가장 평범하게 지나치는 순간들조차 훗날 돌아보면 특별한 의미를 지니게 된다는 것이다.

Chapter 2.

나 역시 내가 찍는 사진들이 그저 뒤죽박죽 얽힌 별것
아닌 소소한 일상의 기록에 불과하지만 훗날 돌아보면
그 순간들이 내 인생에서 가장 소중한 기억으로 남지 않
을까 생각해 본다.

나는 종종 "음악은 남의 것이고 사진은 내 것이다"라는 말을 하곤 한다. 이 말을 들은 사람들은 내가 가수라는 점을 떠올리며, 어떻게 그런 말을 할 수 있냐고 묻기도 한다. 그렇지만 이 생각은 내게 변함이 없다. 음악은 무대 위에서 수많은 관객과 함께 호흡하며 만들어가는 작업이고, 그 속에서 나는 공감을 주고받는다. 반면, 사진은 내가 온전히 나 자신을 위해 찍는 것이다. 이 차이가 나에게는 중요하다.

하지만 그렇다고 해서 내가 음악을 소홀히 하거나, 사진이 노래보다 더 중요하다고 생각하는 것은 아니다. 단지 나는 내 삶에서 예술을 이분법적으로 구분하거나 순위를 매기고 싶지 않을 뿐이다. 나는 늘 변화무쌍한 예술가로서 내가 느끼는 것을 노래든, 사진이든, 혹은 그림이든 자유롭게 표현하고 싶다. 예술이란 결국 나 자신을 있는 그대로 표현하고 이해하는 방식이며, 나를 자유롭게 만들어주는 도구이기 때문이다.

24A

KODAK P

RTRA 400

Chapter 3.

음악의 퍼즐

비주류

　방송 <팬텀싱어> 시즌이 끝난 후, 나는 클래식 음악에 대한 애정이 직업으로 이어졌음을 실감했다. 아무리 생각해 봐도 크로스오버 음악의 아티스트로서 무대에 선다는 것은 결코 쉬운 길이 아니다. 비주류 장르의 음악가로서 활동하면서 나는 수많은 고정관념과 편견에 자주 부딪히곤 했고 때로는 특정한 틀에 갇혀 대우받는 듯한 기분이 들기도 했다.

　대중가요에 익숙한 사람들에게 클래식과 대중가요를 결합하는 시도는 낯설고 어려운 도전일 수 있다. 사람의 성향에서도 그렇듯 익숙한 것을 무작정 추구하는 사람이 있는 반면, 새롭게 도전하는 것을 마다하지 않는 사람이 있지 않은가. 후자의 경우처럼 음악의 새로운 결합 장르를 시도하는 아티스트들은 종종 독창성을 인정받기보다는 규격화된 틀 속에서 평가받기 마련이다. 이 과정에서 겪는 어려움은 상당하며, 예술가로서의 창의적 자유와 대중의 기대 사이에서 균형을 맞추는 것은 한 문제, 두 문제씩 차츰차츰 풀어나가야 할 숙제일 수밖에 없다.

쉼 없이 달리고 수없이 평가받는 구조 속에서 몇 년을 쉬지 않고 달리고 있다. "물 들어올 때 노를 저어라"는 주변의 조언도 많았지만, 노도 힘껏 저을 힘이 있어야 저을 수 있지 않나? 끝내 신체적, 정서적 탈진 상태에 이르렀고, 6개월간 단 한 순간도 긴장을 놓지 못한 채 흘러간 일들은 여운을 느끼기도 전에 순식간에 멀어졌다.

체하는지도 모른 채 욱여넣어야 했던 일들의 연속이었기 때문에 상황이 예상보다 더 빠르게 흘러가면서 적응하는 데 많은 힘을 쏟았다. 소화해야 하는 순간들은 덤. 운동을 통해 체력을 기르려 했지만, 커버 곡이 쏟아

지고 오케스트라와의 연습이 겹치며 새로운 스케줄이
계속 생기는 상황에서 다방면의 일을 소화하는 것은 더욱
어려워졌다. 최상의 컨디션을 유지하기 위한 노력에도
불구하고, 때로는 신체적, 정신적 피로 세 가지가 동시에
겹쳐지는 상황을 피할 수 없었다. 극복해야 할 현실은
변함없었다.

    나는 늘 최상의 컨디션을 유지하고자 했으나, 다양한
변수로 인해 항상 세 가지가 겹치는 녹록지 않은 상황을
겪어야 했다.

Chapter 3.

세상에 영원한 것은 없지만…

그들과의 모든 순간은 특별하다. 무대에 오를 때마다 건강을 기원해 주고 아낌없는 응원을 보내주는 덕분에 나의 음악 인생이 더욱 빛난다. 가끔은 '내가 뭘 했다고 이렇게 많은 사랑을 받는 걸까?' 하는 생각이 들기도 하지만, 그럴수록 그들에게 충분히 보답하고 싶다는 마음이 커진다. 단지 노래하는 것이 좋아서 시작한 일이었는데, 이렇게 많은 이들이 나를 응원해 준다는 것은 내 삶을 특별하게 만든다. 이들은 내가 아끼고 사랑하는 마음을 다 담아도 부족할 만큼 소중한, 바로 나의 팬들이다.

팬들과의 첫 만남은 특히 기억에 남는다. 팬데믹 시

기에 데뷔한 터라 대면 만남이 거의 불가능했기에, 팬들과 직접 얼굴을 마주한 그 순간의 설렘은 잊을 수 없다. 비록 마스크를 쓰고 거리 두기를 지켜야 했지만, 서로의 눈빛만으로도 많은 감정이 오갔다. 그 자리에서 팬들이 들려준 진심 어린 응원의 메시지는 마음 깊이 새겨졌고, 그 순간 팬들과의 인연이 단순한 '가수와 팬' 이상의 것임을 깨달았다.

코로나로 어려운 시기를 함께 겪으며 팬들과의 유대는 더욱 끈끈해졌다. 언제나 나를 응원해 주는 팬들은 내게 더없이 소중한 존재다. 때로는 이런 생각을 하기도 한다. 시간이 흘러 지금의 사랑받는 시간이 지나고 언젠가 잊혀지는 날이 오면, 나는 이 순간들을 어떻게 기억할까? 그리고 팬들에게 나는 어떤 사람으로 남을까? '유채훈'이라는 가수로 기억될까, 아니면 한 사람으로서도 좋은 추억으로 남을 수 있을까? 이런 생각들이 때때로 깊은 여운을 남긴다.

그래서 현재 팬들과 함께하는 매 순간이 더없이 소중

하다. 세상에 영원한 것은 없지만, 팬들과 함께하는 이
순간들만큼은 오래도록 지켜가고 싶다. 팬들과 나누는
특별한 시간들이 내 음악 여정의 소중한 기록이 될 것이다.

We are

Chapter 3.

박수를 먹고 산다

팬분들께서 손 편지를 많이 써서 보내주시는데, 나는 그 편지를 힘들 때나 무대에 오르기 전 중요한 일정 중 한 번씩 꺼내어 읽곤 한다.

"가끔은 게으름을 부려도 봄날의 벚꽃처럼 시간을 어겨 제 멋대로 피어도 괜찮습니다. 그래도 별탈없이 아름답기만 하니까요."

오롯이 나를 위한 손 편지로 표현할 수 있을만큼 고스란히 그리고 빼곡히 써 내려간 글들, 소중한 순간들을 담을 수 있는 카메라 필름이 놓여져 있을 때도 적지 않다. 이러한 선물들은 단순한 물건이 아닌, 팬들이 나에게 보내주는 과분한 사랑과 응원의 표현이자 넘치는 애정과 격려의 표시다.

강조하고도 재차 강조하고 싶은, 절대 잊을 수 없는 손 편지. 그 속에 담긴 소소하고 솔직한 마음들은 나에게 사랑스러움, 미안함, 기쁨 등 알 수 없는 복합적인 감정들을 안겨준다. 어떤 날은 팬의 솔직하고 직설적인 이야기 속에서 웃음을 짓게 되고, 또 다른 날에는 감동의 눈물이 흐르기도 한다. 팬들의 이야기 속에는 일상의 작은 행복부터 깊은 고민까지 다양한 감정들이 담겨 있다. 진심 어린 마음을 읽을 때마다 나는 그들에게 더욱 큰 감사와 사랑을 느낀다.

팬들의 사랑과 응원은 내 음악과 무대를 지속할 수 있게 하는 원동력이 된다. 그들은 단순한 팬이 아니라 함께 걸어가고 있는 동반자와도 같아, 나를 조금 더 나은 가수로 성장하게 하는 소중한 자양분이 된다.

이렇게 많은 사랑을 받는 것이 때로는 과분하게 느껴지기도 하지만, 팬들의 진심 어린 마음을 느낄 때면 나

는 그 사랑에 깊이 감동하고 감사함을 느낀다. 나는 언
제나 그들의 기대에 부응하고, 그 사랑에 보답하기 위해
최선을 다하고 있다. 팬들이 보내주는 선물들은 나에게
가장 큰 선물이자 축복이다.

무대 위에서의 긴장감과 고된 준비 과정, 그리고 기대에 부응하려는 압박감은 늘 가슴을 조이게 만든다. 하지만 이 모든 어려움을 상쇄해 주는 순간은 바로 무대에 오른 후 팬들의 박수와 눈빛을 마주할 때다. 그 순간만큼은 모든 힘든 과정이 의미를 갖게 되고, 내가 견뎌온 고통이 한순간에 치유되는 경험을 하곤 한다.

선배들은 늘 입을 모아 "가수는 박수를 먹고 산다"고 말씀하시곤 했는데, 이제는 그 말의 깊은 의미를 온전히 이해하게 되었다. 무대에서의 공연이 끝나고 팬들이 보내주는 뜨거운 박수와 환호는 단순한 칭찬이나 인정이 아니라, 나의 모든 노력을 가치 있게 만들어 주는 소중한 피드백이자 원동력이다. 팬들의 사랑과 응원은 나에게 큰 힘을 주며, 그들의 진심이 나를 더욱 열심히 하게 만든다. 그들의 응원을 받을 때마다 나는 더욱 더 열정적으로 노래하고, 더욱 정성을 다해 무대에 임하려는 마음가짐을 가지게 된다.

팬들의 사랑은 단순히 물질적인 선물이나 겉으로 드

러나는 것만이 아니다. 그들의 박수와 응원, 그들이 보내는 마음속의 진심은 나에게 무한한 에너지를 주며 무대 위에서의 모든 스트레스를 덜어주고, 기운을 북돋아 준다. 팬들의 따뜻한 사랑과 지지는 내 음악에 대한 열정을 더욱 불태우게 하고 매일매일 새로운 목표와 꿈을 향해 나아가게 만든다. 그들의 기대와 사랑에 부합하기 위해 나는 그저 무대 위에서 최선을 다하고, 그들에게 보답하기 위해 노력하며 살아가는 것이다.

Open Arms

열다섯 살, 한창 사춘기라면 사춘기일 나이. 당시 옆 자리에 앉았던 친구는 노래를 부르는 것을 정말 좋아했다. 그는 언제나 수업 시간이나 쉬는 시간만 되면 팝송을 흥얼거리곤 했다. 옆에 있던 나는 거짓말처럼 음악에는 전혀 관심이 없었던 터. 그저 그의 입에서 흘러나오는 노래를 들으며 지낼 뿐이었다. 오히려 내가 관심 있던 건 그림이었다. 칠판 위 분필 적는 소리로 가득 차 있는 수업 시간에 나는 공책에 끄적거리거나, 미술 시간이 다가오면 '옳다구나!' 하고 누구보다도 열정적으로 그림을 그렸다.

축구선수, 피아니스트, 선생님…. 꿈을 정하기엔 내 나이가 너무 어리진 않았을까? 하지만 친구들이 미래의 꿈에 대해 휘황찬란하고 확신에 가득 찬 눈빛으로 이야기할 때면 나는 그저 막연하게 나중에 만화가나 미술가가 되고 싶다고 생각했다. 정확히 어떤 길을 가야 할지도 모를뿐더러 옳은 길인지, 옳지 않은 길인지 판단을 하고 싶었던 때다. 모든 걸 고사하고, 어떤 노력을 해야 하는지도 몰랐지만 그림을 그리는 것 자체가 좋았기 때문에 그런 꿈을 꾸었다. 친구들이 노래나 춤을 좋아하며 가수나 댄서가 되겠다고 이야기할 때면, 나는 그저 그들의 열정을 신기하게 바라볼 뿐이었다.

노래에 빠진 나의 짝꿍과 더 친해지면서 자연스럽게 음악을 함께 들었는데, 우리가 선택한 음악 장르는 록(Rock). '밴드 음악을 하고 싶다'고 느끼기 시작했고, '스키드 로우(Skid Row)', '스틸하트(Steelheart)', '저니(Journey)' 같은 록 밴드의 곡을 들을 때 가슴이 뛰었다. 아마 이 가수들의 곡은 내가 가장 많이 부르지 않았을까? 내 목소리의 최대 고음으로 소리를 내지르면 스트레스가 풀릴 뿐 아니라 마치 무대 위에서 수천 명의 관객 앞에서 공연하는 것 같은 기분이 들었다. 그런 상상 속에서 나는 어린 사춘기 학생만의 스트레스와 고민을 잠시 잊을 수 있었다. 상상 속에서 나는 전국뿐만 아니라 전 세계를 록 음악으로 제패하는 록 스타로 변해 있다. '스키드 로우'와 '스틸하트'를 마주한 가수가 된 상상 속 모습을 보며 해소하는 것이다.

"너는 소리가 타고난 것 같다. 나중에 가수가 돼야 한
다."

짝꿍이 한 말에 나는 여러 번 코웃음을 쳤지만 교내에
서 내 노래의 관한 소문이 들리기 시작하자 내심 기분이
좋았다. 그리고 막연히 미술만을 고집하던 나에게 또 다
른 창구로 다가왔다.

내가 보컬로 소속된 방과 후 밴드부가 결성되었고, 나
는 학교 축제에서 고음을 내지르고 많은 환호를 받으며
큰 기쁨을 얻었다. 축제가 끝난 다음 날, 교감선생님께
서 교무실로 나를 부르셨다. 선생님은 내 노래를 듣고
아낌 없는 칭찬을 해주셨고, 그때 나는 '내가 노래를 업
으로 도전해 봐도 좋을까?' 라는 생각을 했고 그 순간이
첫 시작이 되었다.

이후, 음악 시간 가창 시험에서 음악선생님께서 예술
고등학교 성악과로 진학해 보는 것을 추천해 주셨다. 그
제안을 통해 나는 비로소 음악을 본격적으로 해야겠다
고 결심하게 되었다.

　예술고등학교 입학 시험 준비 기간은 단 5일밖에 없었다. 내가 결심했던 시간보다는 길었지만, 그래도 짧은 시간이었던 것은 분명했다. 음악선생님께서는 이탈리아 가곡 1곡과 한국 가곡 1곡을 손수 테이프에 녹음해 주셨고 나는 뜻도 정확히 모르는 채 이를 듣고 무작정 따라 하고 외워서 실기 시험에 응시했다. 생전 처음 불러보는 이탈리아 가곡을 공책에 한글로 적어 선생님의 목소리를 흉내 내며 노래했다. 음악선생님의 열정과 무작정 따라서 연습한 나의 노력이 합쳐지고 운까지 좋았는지 나는 예술고등학교에 합격했다.

　열일곱 살, 한창 대중적이고 뽐낼 수 있는 가요에 관심 많을 나이일 수 있다. 그래서인지 나는 클래식과 성악에 관심이 가지 않았다. 단순히 예술고등학교에 입학하면 하루 종일 노래를 부를 수 있고 졸업 후에는 가수가 될 수 있을 것이라는 음악선생님의 말만 믿고 입학을 결정했다. 그러나 예술고등학교에서는 대중가수가 아니라 오로지 성악만을 불러야 하는 상황. 나는 고등학교 1학년 동안 학교생활에 적응하지 못했다. 어릴 적부터 음악을 배운 다른 친구들과는 상황이 달라, 힘든 학교생활을 경험하게 되었다.

여름 방학이 시작되자마자 나는 데모 테이프를 녹음해 서울의 여러 기획사에 CD를 돌렸다. 지역 가요제에도 부모님과 학교 몰래 참가하며 '공부하라'는 말 외의 일들을 하기 시작했다. 그러던 어느 날, 서울에서 데모 CD를 돌리던 중 한 제작사로부터 연락이 왔고 나에게 제 2의 김범수나 박효신을 만들어 줄 자신이 있다며 이른 시일 내에 만나자고 했다.

서울의 한 녹음실에서 테스트 녹음을 한 후, 앨범 준비를 해보자는 말에 따라 왕래가 시작되었다. 수소문 끝에 알게 되었다. 몇 달이 지나고 겉으로는 투자를 명목으로 접근했지만 보이지 않는 곳에서는 나의 부모님의 돈을 갈취하는 사기꾼이라는 사실. 이 사건은 크지 않은 어린 내 인생에 큰 변화를 불러왔다.

예술고등학교 음악부장 선생님과 성악 레슨 담당 선생님께서 나에게 성악가로서 대성할 좋은 소리를 타고 났다고 하시며 인서울 대학에 진학하는 목표를 세우도록 설득하셨다. 선생님들은 "너는 성악가로 크게 성공

할 가능성이 있다. 서울로 대학을 가는 것을 목표로 삼고 열심히 노력해 보자"고 말씀하셨다. 이 말을 듣고 나는 가수가 되든 성악가가 되든 일단 대학은 가야겠다고 다짐하며 예술고등학교에 오려고 음악선생님이 녹음해 주신 걸 무작정 따라하던 그 때의 나의 마음처럼 무조건 서울로 진학하겠다는 결심을 했다.

레슨 담당 선생님은 전공 실기 시간 외에도 나를 지도해 주셨다. 야간 자율학습 시간과 주말에도 학교와 교회로 나를 불러 쉴 틈 없이 노래 연습을 했고 군말 없이 열심히 임한 것은 물론이다. 점심시간이 되면 다른 남학생들이 운동장에서 축구나 농구를 할 때, 선생님은 운동장까지 쫓아와 나를 연습실로 다시 데려가시고는 "다른 생각하지 말고 밥 먹고 노래나 부르라"고 하시며 계속 노래를 시키고 레슨을 해주셨다.

당시 나는 다른 친구들이 자유롭게 시간을 보내는 것을 보며 약간의 부러움을 느끼기도 했지만, 선생님의 헌신적인 지도 덕분에 내 꿈을 향해 더 열심히 노력할 수 있었다. 선생님은 마치 스파르타식 개인 트레이너처럼 항상 나를 따라다니며 지도해 주셨다. 지금에서야 생각이 드는 건 그렇게까지 나를 지도해 주신 건 왜일까? 어떻게 보면 '라포엠'에 설 수 있게 제일 첫 발판을 만들어 주신 분이나 다름 없는데. 나도 사실 축구를 좋아하지 않는 건 아니다. 무진장 하고 싶었다! 친구들이 축구공을 차고 패스를 외치며 하하호호 즐거워하는 사이 나는 음악실에서 워밍업으로 발성을 연습해야 했고 선생님께서 주시는 격려를 덤으로 받으며 정신을 차렸던 기억이 난다.

인서울 대학을 가겠다는 목표 하나만으로 선생님들의 헌신적인 가르침과 나의 노력까지 합쳐져 혼심의 힘을 다했다. 입시를 잘 치르고 결과도 확인했다. 합격!

내 고등학교 시절은 마치 전쟁 영화 속 훈련 장면처럼 치열했고 그 모든 노력은 나의 꿈을 이루기 위한 발판이 되었다.

처음 대학에 입학했을 때 나는 클래식 음악의 화성학 규율 속에서 노래를 배우며 성장했지만 동시에 내 마음

한구석에는 언제나 대중음악에 대한 열망이 있었다. 대중음악은 나에게 더 큰 자유와 표현의 기회를 주었고 나는 그것을 사랑했기 때문에. 그래서 항상 두 장르 사이에서 균형을 찾으려고 노력했다. 그 가운데서 나는 클래식과 대중음악 사이의 크로스오버라는 장르를 부르는 가수가 되었다. 돌이켜보면 나는 클래식을 하면 대중가수 같다는 평가를 받았고, 대중음악을 부르면 성악 같다는 평가를 받으며 항상 대중가수 유채훈과 테너 유채훈 사이의 삶을 살았던 것 같다. 이 경계에 서서 방황했던 것도 사실이다.

크로스오버는 클래식과 대중음악의 경계를 허물며 두 장르의 장점을 모두 살릴 수 있는 완벽한 장르였다. 이제는 대중음악이 더 좋다거나 성악이 더 좋다는 것이 나에게 큰 의미가 없는 것 같다. 내가 현재 하고 있는 노래에 애착을 두려고 노력하고 있다. 잘 할 수 있는 것과 해야만 하는 것을 정확히 알고 있기 때문에 그 적절한 균형을 찾아가는 과정 중에 있다고 본다. 이러한 과정 속에서 나는 나만의 목소리로 노래를 부르는 사람으로서 살아가고 있다. 나에게 가장 잘 맞는 음악이 크로스 오버 장르라는 것을 인정하고 장르에 얽매이지 않고 자유롭게 노래하는 것을 목표로 하고 다양한 음악을 통해 나 자신을 표현하고 청중과 소통할 수 있는 방법을 찾았다. 이제는 그저 내가 사랑하는 음악을 마음껏 부르며 그 순간순간을 즐긴다.

대학 시절의 수많은 경험들과 고민들은 나를 더 단단하게 만들었고 나만의 음악적 색깔을 찾는 데 큰 도움이 되었다. 이제 나는 그 어느 때보다도 자유롭게 나만의 목소리로 노래할 수 있는 사람이 되었다. 내 인생의 무대는 이제 막 시작되었고 나는 그 무대 위에서 나의 음악을 마음껏 펼쳐 보일 준비가 되어 있다. 예술고등학교에 입학할 때 도와주신 고등학교 음악선생님, 그리고 대학 입시 때 밤낮없이 날 도와주신 예술고등학교 레슨 선생님과 음악 부장 선생님. 보고 계실까?

믿음 가득한 사랑을
줄 준비가 돼 있어

찰나의 순간

　캠퍼스 생활을 돌아보면, 대학에 제대로 적응하지 못했던 부분이 가장 먼저 떠오른다. 대학교라는 새로운 환경에서 꿈을 찾아 노력했지만 진로에 대한 고민이 나를 계속해서 따라다녔다. 성악을 전공했지만 대중가수가 되고자 하는 꿈이 강하게 자리 잡고 있어서 성악이라는 분야에 완전히 몰입하기는 쉽지 않았다.

　내가 성악에 대해 깊은 고민을 했던 이유는, 정작 이 분야에서 제법 좋은 성과를 내고 있었기 때문이다. 학교에서도 좋은 성적을 유지했고, 교수님들과 선배들로부터 해외 유학을 가서도 훌륭한 테너가 될 가능성이 높다는 평가를 받았다. 그러한 평가를 들을 때마다 성악에 확신을 가져야 할 것 같으면서도, 대중음악에 대한 미련이 남아 복잡한 감정에 휩싸이곤 했다. '내가 진정으로 원하는 것과 잘할 수 있는 것의 간극을 어떻게 메울 수 있을까?'라는 질문이 당시 가장 큰 고민이었다.

한양대학교 성악과의 커리큘럼은 1, 2학년에는 이탈리아, 독일, 프랑스 등의 예술가곡을 배우고, 3, 4학년부터는 오페라 아리아를 배우는 방식으로 구성되어 있었다. 저학년 때 오페라 아리아를 부르는 것은 암묵적으로 금기시되었지만, 나는 이 규칙을 자주 어기며 고음역대의 아리아를 연습했다. 선배들이 눈치챌까 봐 조심스러웠지만, 하루 종일 연습실에서 테너 아리아를 부르며 몰입하곤 했고, 가끔 혼이 나기도 했다.

특히 기억에 남는 일은 2학년 첫 학기에 몰래 콩쿠르에 지원했던 사건이다. 원래는 3, 4학년이 되어야 교수님의 허락을 받고 나갈 수 있었지만, 나는 지원서에 어머니 이름을 적어 사사 교수님란을 채우고 도전했다. (지금 생각해 보면 내가 봐도 나는 정말 정신 나간 놈이었던 것 같다.) 예선 1차까지만 통과하자는 작은 목표로 시작했는데 예선 2차까지 올라갔고, 이 소식이 학교에 알려져 큰 소문이 돌았다. 본선에서는 여러 언어로 노래해야 했지만, 저학년이었던 나는 이탈리아어밖에 몰라 결국 포기해야 했다.

그 후 선배에게 불려가 왕십리 포차에서 소주를 마시며 들었던 한마디가 아직도 마음에 남아 있다. "너 하고 싶은 대로 노래해라. 힘들었을 텐데 수고했다. 대신 더 열심히 해라." 그 말은 내게 큰 위로가 되었고, 대학이라는 공동체에서의 의미를 다시 생각하게 해 준 계기가 되었다.

또 하나 기억에 남는 사건은 2학년 때 사사받던 교수님을 옮긴 일이었다. 처음 사사받은 독일 리트의 대가 바리톤 정록기 교수님은 주로 정적이고 깊이 있는 독일 가곡을 다루셨지만, 나는 화려한 이탈리아 가곡과 오페라 아리아에 더 관심이 많았다. 고심 끝에 정록기 교수님께 바리톤 고성현 교수님에게 배우고 싶다는 뜻을 전했는데, 교수님께서는 결례를 용인해 주시고 직접 고성현 교수님께 나를 추천해 주셨다. 그 덕분에 고성현 교수님께 배울 수 있었고, 이 경험은 나에게 성악을 배우는 과정에서 중요한 전환점이 되었다.

대학 시절을 돌아보면, 성악을 전공하며 겪은 수많은 고민과 갈등이 지금의 나를 만드는 데 소중한 자양분이 되었음을 느낀다. 그 시절의 나를 기억할 선배들과 동기들, 후배들은 지금의 나를 어떻게 기억하고 있을까? 문득 궁금해진다.

Chapter 3.

일몬도 이야기

'Il Mondo'는 우리말로 해석하면 '세상'이라는 의미를 가진다. 이 곡은 돌이켜보면 내 인생에서 참으로 특별하고 소중한 곡이었으며 오랜 시간 동안 자리 잡은 나의 애창곡 이었다.

내가 이 곡을 처음 접한 것은 고등학생 시절이었다. 당시에는 가사의 내용도 제대로 이해하지 못한 채 단순히 음악을 즐기는 어린 마음으로 그저 웃긴 발음에 끌려 따라 부르곤 했다. 의미를 모른 채 흥얼거리며 부르던 그 시절의 나와 함께 시간을 보냈던 사람들도 아직도 기억에 생생하다. 특히 대학 졸업할 즈음에는 테너 선배인 기주 형과

바리톤 병민이와 함께했던 시간이 떠오른다. 그때 우리는 음악을 함께 나누며 각자의 꿈을 키웠다.

'Il Mondo'와의 인연은 단순히 좋아하는 곡에 그치지 않는다. 이 곡은 내 인생 첫 크로스오버 작업의 중심이기도 했다. 그 작업은 나에게 있어 큰 의미를 지닌 도전이었다. 우리는 야심차게 준비했고, 그 결과 '어썸(Awesome)'이라는 그룹으로 음원을 발매하기에 이르렀다. 그때의 열정과 설렘은 아직도 내 마음 깊은 곳에 있다. 꽁꽁 숨겨친 채!

"

Il mondo Non si é fermato mai un momento
세상은 한순간도 멈춘 적이 없어요

La notte insegue sempre il giorno
낮이 가면 밤이 항상 따라오죠

Ed il giorno verrà
그리고 또 하루가 밝아와요

"

해석된 가사처럼 쉽게 연결되진 않았다. 매 순간이 예측할 수 없었고, 그 여정에 쉬운 부분은 없었다.

세상

Chapter 3.

INTERCREW
RESTAURANT
3330
A

INTERCREW
LOS ANGELES
INTERCREW
LOS ANGELES

SCHOOL
SPEED
LIMIT
15
WHEN
CHILDREN
ARE PRESENT
SPEED
HUMPS
15
MPH
Wilshire
PUBLIC
SCHOOL
ALL DAY

U.S.A.

2024년 10월은 나에게 특별한 의미를 남긴 시기였다. 처음으로 미국 투어 콘서트를 진행하게 되었고, 이는 내 음악 인생에서 중요한 전환점이 되었다. 유럽은 여러 번 가본 경험이 있지만, 미국은 처음이라 모든 것이 신선하고 인상 깊었다. 워싱턴, 텍사스, 로스앤젤레스까지 이어진 짧은 일정 동안 스케줄을 소화하면서도 틈틈이 많은 사진을 찍으며 미국에서의 순간들을 기록했다. 전 회차 전석 매진이라는 성과로 투어를 성공적으로 마무리할 수 있었고, 그 사실이 나를 더욱 기쁘게 했다.

미국은 사진을 좋아하는 내게 환상적인 나라였다. 첫 방문에서 느낀 이국적인 분위기 덕분인지, 각 도시마다 컬러풀하고 독특한 풍경이 눈길을 사로잡았다. 특히 LA에서 미주 중앙일보 주최로 열린 라포엠 팬미팅 날, 잠시 밖에 나가 촬영한 사진이 라이카 포토그래피 인터내셔널(LFI)에 실리게 되는 영광도 누렸다.

그중 워싱턴과 텍사스에서는 대기질이 너무 좋아서, 사진을 찍을 때마다 배경이나 풍경의 색감이 선명하고

CRISTO SALVA
DAMIAN

IGLESIA PENTECOSTES
ENCUENTRO CO[N] CRISTO
213
2901
2901

깨끗하게 나왔다. 마치 사진 자체가 빛을 발하는 듯한 느낌을 주었고, 이런 환경 덕분에 사진을 찍는 것이 더 즐거운 경험이 되었다. 콘서트 준비와 일정이 바쁘긴 했지만, 이런 작은 순간들은 미국 투어를 더욱 특별하게 만들어 주었다.

사실 이번 미국 투어는 1년 전부터 계획되었던 일정이었다. 그동안 꾸준히 영어 레슨을 받은 덕분에 현지 팬들과 직접 소통할 수 있었던 것이 이번 투어의 가장 큰 성과 중 하나였다. 미국에 있는 라포엠 팬들의 열정

은 정말 대단했다. 그들의 뜨거운 응원은 나에게 큰 에너지를 주었고, 미국에서의 공연은 평생 잊지 못할 추억으로 자리 잡았다.

또한, 미국과 한국의 공연 문화가 다르다는 점도 매우 흥미로웠다. 한국에서는 공연 중 정해진 매너를 중요하게 생각하는 반면, 미국에서는 관객들이 훨씬 자유로운 분위기에서 공연을 즐겼다. 공연 중간에 자유롭게 입퇴장을 하거나 맥주를 마시며 공연을 즐기는 모습은 한국에서는 상상하기 어려운 장면이었다. 또, 노래가 끝나기도 전에 즉각적인 반응을 보이는 관객들의 리액션도 인상적이었다. 현지 스태프에 따르면, 미국에서는 자신의 감정을 솔직하게 드러내는 것이 자연스러운 문화라고 한다. 마음에 들면 바로 환호하고, 싫으면 즉각적인 반응을 보이는 그들의 솔직함이 공연 내내 특별하게 다가왔다.

특히 미국에 거주하는 한인 팬들의 응원은 예상보다 훨씬 뜨거웠다. 그들은 우리를 향한 애정과 자부심을 강하게 표현했고, 한국에서의 팬들과는 또 다른 방식으로 다가왔다. 한인 팬들뿐만 아니라 현지 미국인 팬들도 기립박수와 뜨거운 환호로 우리를 맞이해 주었고, 그로 인해 첫 미국 콘서트는 더욱 잊지 못할 기억이 되었다. 이번 투어를 통해 음악의 경계를 넘어 더 많은 사람들과 연결될 수 있음을 실감했고, 그 과정에서 나 자신도 많은 것을 배웠다.

돌아와서 생각해보니, 미국 투어는 단순한 공연 이상의 경험이었다. 새로운 나라에서 팬들과 소통하고 그들의 열정적인 반응을 직접 체험하며, 내 음악 세계가 더욱 넓어졌음을 느꼈다. 유럽을 처음 여행했을 때도 이와 비슷한 감정을 느꼈다. 특히 이탈리아의 고풍스러운 골목을 걸을 때의 설렘은 잊을 수가 없다. 여행 중 방문한 프랑스 파리와 스위스의 풍경도 인상 깊었다. 에펠탑 아래에서 맞이한 노을의 장관과 스위스의 투명한 호수와 녹음이 우거진 산의 조화는 마치 그림 속에 들어와 있는 듯한 기분을 선사했다. 이번 미주 투어를 계기로 다시 한 번 유럽 투어를 해볼 수 있다면 얼마나 좋을까! 첫 해외 투어의 추억이 더욱 특별하게 다가온다.

공연을 앞둔 순간

공연을 준비할 때면 항상 시간에 쫓기고 체력적으로 많은 부담이 따른다. 공연의 성공을 위해 여러 요소가 조화롭게 어우러져야 하므로 그 준비 과정은 결코 간단하지 않다. 특히 밴드와의 합주는 매우 중요한 부분으로, 준비 시간을 통해 서로의 호흡을 맞추고 각 곡의 느낌을 깊이 이해하는 것이 필수적이다.

공연이 다가오면 머릿속에서 여러 가상의 시뮬레이션을 펼치기 시작한다. 어떤 곡에 힘을 실어야 할지, 관객들의 마음을 울릴 포인트는 어디인지 끊임없이 고민하게 된다. 음악을 통해 어떤 공감대를 형성할 수 있을까,

또 관객들을 어떻게 즐겁게 할 수 있을까? 이러한 질문
들은 공연 준비 과정에서 늘 나를 괴롭힌다.

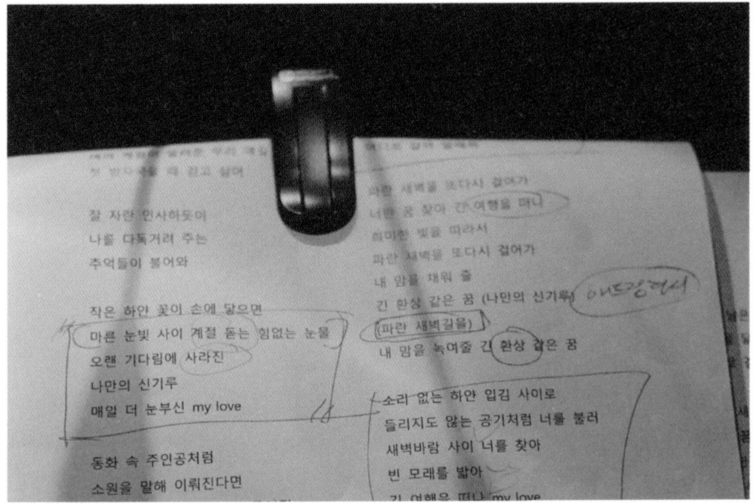

20곡이 넘는 곡을 무리 없이 소화할 수 있을지에 대
한 걱정도 끊임없이 떠오른다. 이전 공연보다 더 나은
모습을 보여줄 수 있을지에 대한 불안감도 존재한다. 매
번 새로운 경험과 도전이 기다리고 있기에, 나는 나 자
신을 돌아보며 꾸준히 노력하고 고민하는 시간을 보낸
다. 이러한 과정에서 나의 한계를 시험하고 새로운 가능
성을 찾아가는 것이 나에게 큰 의미를 준다.

모든 준비가 끝나고 무대에 서면, 그동안의 노력과 고민이 한순간에 결실을 맺는 듯한 기분을 느낀다. 관객들과 소통하며 그들의 반응을 직접 느끼는 순간은 말로 다 표현할 수 없을 만큼 소중하다. 이러한 경험은 다시금 음악의 의미를 되새기게 하고, 앞으로 나아갈 방향성을 제시해 준다. 매 공연이 끝날 때마다 느끼는 성취감과 감사함은 나를 더욱 열심히 하게 만드는 원동력이 된다.

이처럼 공연 준비는 고된 과정이지만, 그 속에서 얻는 소중한 배움과 감정은 음악인으로서의 삶을 더욱 풍요롭게 만든다. 앞으로도 이 과정을 통해 계속 성장하며 관객들에게 감동을 주는 음악을 만들기 위해 최선을 다할 것이다.

팬데믹에서 앤데믹으로

라포엠은 코로나 팬데믹 시기에 데뷔한 그룹이라 우리와 팬들 모두 많은 어려움을 겪었다. 데뷔 후 1~2년 동안 공연을 하면서도 제대로 소통할 수 없는 상황이었기에, 매 공연이 힘든 경험이었다. 관객들은 두 시간 넘게 마스크를 쓴 채 호응 없이 박수만 칠 수 있었고, 우리는 무대에서 들리는 박수 소리만을 의지해 노래를 이어가야 했다. 이 시기는 여러모로 아쉬움이 많았지만, 그럼에도 팬들을 생각하면 감사한 마음이 더 컸다.

사실 팬데믹 시기에 사람들이 공연장에 온다는 것은 큰 용기가 필요한 일이었을 것이다. 그럼에도 불구하고 우리를 응원하러 와 준 팬들의 마음은 더 깊이 와닿았다. 그들의 따뜻한 응원이 있었기에 우리는 더욱 힘을 내어 무대에 오를 수 있었다.

앤데믹으로 전환되고, 처음으로 관객들의 열광적인 환호성을 들었을 때의 감격은 이루 말할 수 없었다. 그동안 함께 부르지 못했던 떼창을 다시 경험했을 때 느꼈던 기쁨은 잊을 수 없는 순간이었다. 공연이 끝난 후에도 그 여운은 며칠 동안 가시지 않았고, 팬들이 마스크를 벗고 보여준 각양각색의 표정 하나하나가 소중하게 기억에 남아 있다. 그들은 우리가 느끼는 감정과 에너지를 함께 나누며, 마치 오랜 시간 쌓인 감정을 한꺼번에 쏟아내듯 열정적으로 환호했다.

이제 그 시절의 아쉬움을 뒤로하고, 다시 팬들과 만날 기회를 가질 수 있다는 것이 얼마나 소중한지 절실히 느낀다. 팬들과의 소통이 가능해진 지금, 더 깊이 있는 경험을 쌓으며 그들과 함께 소중한 순간들을 만들어 나갈 생각에 가슴이 벅차다. 앞으로도 이러한 순간들이 계속되기를 진심으로 바란다.

162

Chapter 3.

자유로운 예술가이자
누군가의 마음에 자리 잡은 한편의 시

라포엠 멤버들은 나에게 운명처럼 다가온 인연이다. 사실 나는 운명을 쉽게 믿지 않는 편이었지만, 멤버들과의 만남을 통해 '진정한 운명이란 이런 것이 아닐까?' 생각하게 되었다. 각자 다른 길을 걸어온 우리가 한 방송 프로그램에서 우연히 만나 팀을 이루고, 많은 사람들의 응원과 사랑을 받으며 함께 음악을 한다는 것은 정말 다시없을 특별한 기회라고 느낀다.

벌써 4년을 함께하고 이제 5년 차를 맞이하고 있지만, 단 한 번의 트러블 없이 음악활동을 해왔다는 사실이 그저 놀랍고 감사할 따름이다. 서로의 다름을 존중하

고 각자의 개성을 살리면서도 조화를 이루는 것이 얼마
나 중요한지를 매일 실감하고 있다. 이런 멤버들과 함께
할 수 있다는 것이 내게는 큰 행운이다.

라포엠이 지금처럼 오랫동안 이 아름다운 여정을 이어갔으면 하는 바람이 크다. 잘될 때도 있겠지만, 언젠가는 내리막을 걷는 순간이 올 수도 있을 것이다. 그럴 때일수록 초심을 잃지 않고, 음악에 대한 순수한 열정과 팬들의 사랑에 보답하며 나아가고 싶다. 우리가 음악을 통해 전할 수 있는 감정과 이야기가 많다는 사실을 잊지 않고, 그 소중함을 다시 한 번 되새기며 더 나은 음악인으로 성장하고 싶다.

그동안 함께한 모든 순간들이 우리를 더욱 끈끈하게 만들어 주었다. 우리는 서로에게 의지하며 나아가는 팀으로서 그 소중한 가치를 더욱 깊이 깨닫게 되었다. 앞으로도 이 여정이 계속되길 바라며, 서로를 지지하고 격려하는 동시에 팬들과 소통하는 시간을 소중히 여기겠다. 음악은 결국 우리 모두의 마음을 이어주는 중요한 연결고리라는 것을 항상 기억하며, 이 길을 걸어가고자 한다.

깨지 않는 꿈속처럼
여전히 그대 곁에

Chapter 4.

품 안의 이야기

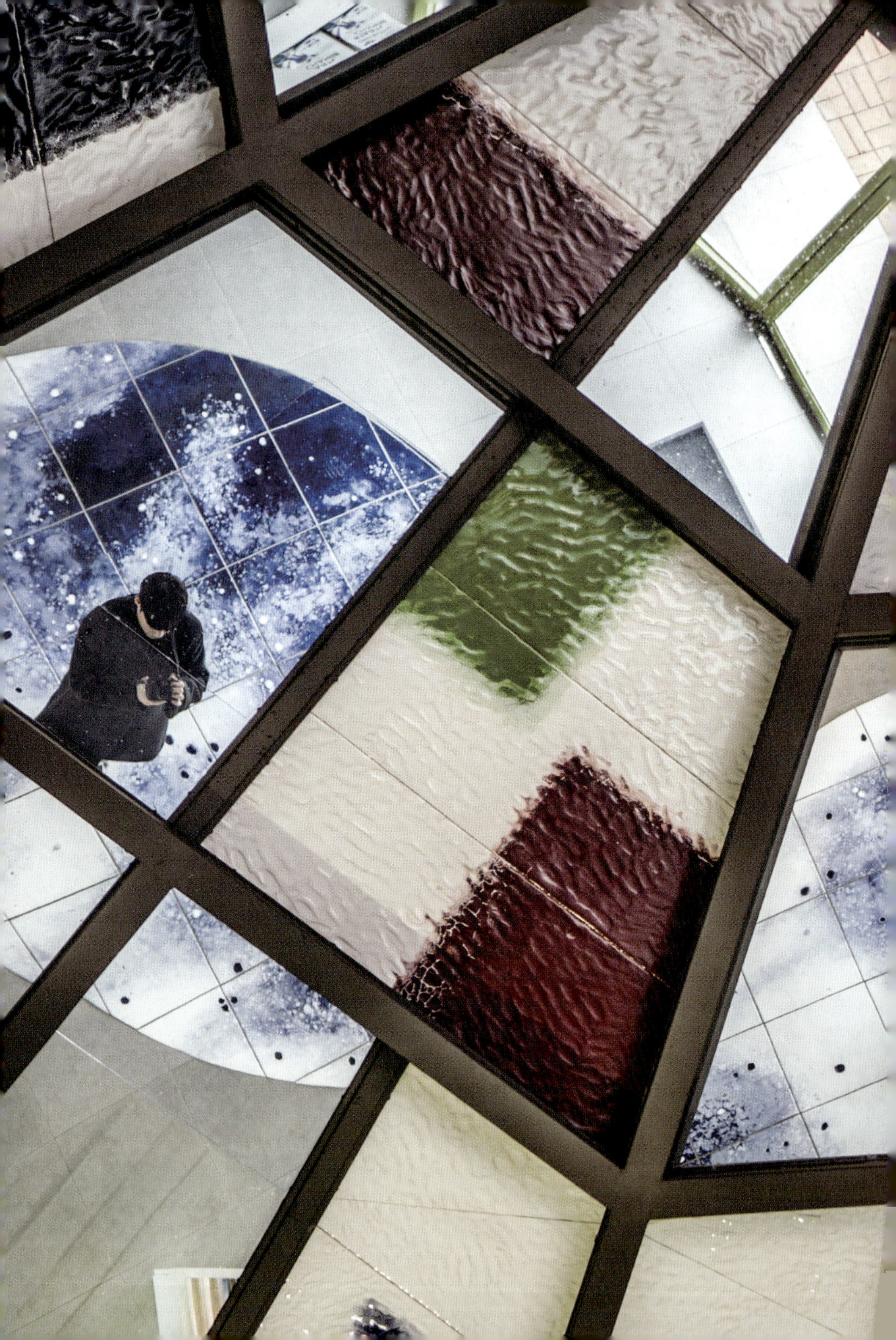

Inside Out

기쁨

  내가 기쁨을 느끼는 건 생활 속에서 작은 배려와 친절이 묻어나는 순간이다. 누군가의 따뜻한 마음 씀씀이에 나도 기분이 좋아지고 그 기쁨을 다시 누군가에게 돌려주고 싶다는 생각이 들 때, 기쁨이란 감정이 자연스레 마음속에 피어나는 것 같다.

슬픔

  나는 자주 슬퍼진다. 하지만 이 슬픔이 부정적인 감정이라고는 생각하지 않는다. 음악과 예술을 다루는 내게 슬픔은 오히려 큰 자양분이 된다. 이 감정을 통해 공감과 위로를 담아내는 표현이 가능해지기 때문이다.

버럭

기쁨과 반대로, 이유 없이 불친절한 사람들을 만나면 불편함이 밀려온다. 그런 자리에서도 할 말은 해야 하는 편이다. 때론 실수를 범한 사람들이 진실된 조언을 듣기 꺼려하는 모습을 보며, 실수를 반복하지 않기 위해서는 개선이 필요하다는 점을 느끼게 된다. 이런 순간에 내 안에서 버럭이라는 감정이 올라온다.

까칠

MBTI가 ENFP인 나는 대체로 밝고 에너지 넘치는 사람으로 비춰진다. 불편한 분위기를 싫어해 항상 주변 눈치를 보는 성격인데, 이게 때론 나를 지치게 만들기도 한다. 반면, 음악 작업이나 무대 위에서 일할 때는 까칠한 면이 드러난다. 멀티태스킹이 어려워서 그런지, 집중할 때는 오히려 예민해지는 나를 발견하게 된다.

소심

20대에는 겁 없이 대담한 성격이었는데, 30대 중반을 넘기며 인간관계에서는 조금씩 소심해지는 내 모습을 본다. 과거에는 낯을 가리는 성격이 아니었는데도, 이제는 모르는 사람들과 만나야 할 때면 마음이 한결 조심스러워진다. 이 변화가 나이 때문인지 문득 궁금해지기도 한다.

불안

불안이라는 감정은 나와 매일 동행하는 것 같다. 해야할 일은 다 하고, 빠진 것도 없는데도 불구하고 이유 없이 뭔가 답답하고 불안한 느낌이 들 때가 많다. 마음 한 구석에 어떤 걱정이 자리하고 있는지 몰라도, 형체 없는 불안에 휩싸여 휴일에도 쉽게 잠을 이루지 못하는 날이 종종 있다.

부러움

　나는 다른 사람의 삶을 부러워하지 않는 편이다. 나는 나로 태어났고, 내가 선택한 길을 살아가고 있기 때문이다. 남과 나를 비교하기보다는 나만의 방식에 집중하려고 한다. 물론 순간적으로 '아, 부럽다!'라고 느낄 때도 있지만, 부러움은 내 삶에 큰 영향을 미치지 않는다.

따분

　반복적인 일에는 쉽게 따분함을 느낀다. 공연에서 같은 곡을 반복하거나 했던 말을 계속 되풀이할 때, 싫증이 밀려온다. 노래하는 사람으로서 같은 곡을 자주 불러야 할 때가 많지만, 그 속에서도 새로운 변화를 시도하고 싶은 욕심이 있다. 그래서 늘 '왜 그렇게 스스로를 피곤하게 하냐'는 말을 듣곤 하지만, 새로움을 추구하지 않고는 견딜 수 없는 성격이다.

　당황스러운 상황에서는 오히려 침착한 편이다. 돌발 상황이 발생하면 반대로 차분해지곤 한다. 이렇게 된 데는, 공상이 많고 생각이 많은 성격이 원인인 것 같다. 일상적인 상황에서도 항상 최악의 시나리오를 상정하며 대처 방법을 생각하기 때문이다. 예를 들어 엘리베이터를 탈 때조차 고장이 나면 어떻게 탈출할지를 상상하곤 한다. 나는 어떻게 나갈 수 있을지. 혹은 비행기가 추락한다면? 운전 중인 차가 급발진을 한다면? 뭐 이런⋯.

　나는 추억이 많은 사람이다. 좋은 기억이든 나쁜 기억이든 쉽게 잊으려 하지 않는다. 이 성향 덕분인지, 사진을 찍는 것도 좋아한다. 사진은 흘러가는 시간을 한순간에 붙잡아 두는 도구로, 시간이 지나도 그 순간을 다시 꺼내볼 수 있다. 이것이 내가 사진을 찍는 중요한 이유 중 하나이다.

　어린 시절 나는 평범한 생활을 하지 못했다. 부모님의 이혼으로 친척집을 전전하며 자랐고, 어린 동생을 보살피며 일찍 어른처럼 행동해야 했다. 방과 후 친구들과 골목길에서 공을 차며 놀다가, 저녁이 되어 친구들이 하나둘 집으로 돌아가면 나 혼자 골목길에 주저앉아 푸르스름한 해질녘을 멍하니 바라보곤 했다.

　그때는 갖고 싶은 장난감도 없었다. 추억을 떠올리자니, 모든 순간이 그리움으로 가득했던 시절이었다.

Waltz for
Emptiness

걸작

무슨 이유에서인지 정확히 알 수 없지만, 요즘 나는 분명 우울하다. 주변 사람들이 내게 "너 요즘 왜 이렇게 우울해?"라고 물어도 딱히 할 말이 없다. 뭐라 설명할 수 없고 나조차도 이유를 명확히 알지 못한다. 그저 마음 한구석이 무겁고 세상이 어딘가 멀게 느껴질 뿐이다.

외로움과 우울함은 타인에게 전염된다. 사람은 사람에게 영향을 받고, 사람으로부터 치유받는다. 그건 마치 서로의 마음을 비추는 거울 같은 이치이다. 그러나 이 관계의 연결이 때로는 불행을 자초하기도 한다. 누군가에게 우울을 전한다는 것은 그 사람의 마음에도 어두운 그림자를 남길 수 있기 때문이다. 그로 인해 관계가 어긋나거나 상처를 주고받을 때도 있다. 사람은 사람을 통해 치유되기도 하지만, 역으로 사람 때문에 더 깊은 슬픔에 빠질 때도 있는 것이다.

가끔 빗물에 비친 세상을 거꾸로 돌려 바라보듯 내 마음을 달래보려 하지만, 그렇게 해서 세상이 달라 보이는 것은 아니다. 그냥 잠시 기분을 바꿔볼 뿐이다. 뭐,

좀 우울하다고 해서 그게 반드시 불행한 건 아니지 않은가? 어쩌면 나는 이 시간을 의외로 즐기고 있는지도 모른다. 삶의 어떤 흐름 안에서 우울함을 마주할 수 있다는 것도 한 가지 경험일 테니까.

많은 예술가들이 자신의 우울함 속에서 걸작을 만들어냈다. 그들은 내면의 어둠과 싸우고 그 속에서 새로운 빛을 찾기도 했다. 나도 이런 우울한 시간들이 결코 나쁘지 않다고 생각한다. 어둠 속에서 빛이 더욱 빛나듯 이 시간들은 내가 나 자신을 더 깊이 이해하고, 진정한 내면을 탐구하는 데 큰 도움이 될 것이다.

Chapter 4.

위로의 바다

　방송 <팬텀싱어>에 출연하기 전, 음악을 그만두기로 결심했던 때도 있었다. 내 삶은 참 많이 힘들다고 느꼈던 시기. 그런 시기마다 나는 서울에서 가까운 을왕리 해변으로 가서 멍하니 노을을 바라보며 마음속 허기를 달랬다. 동해바다의 기억이 나에게 찬란함의 바다라면, 서해바다의 기억은 공허함과 위로의 바다였다.

　서해는 힘든 시기에 자주 찾았던 곳이라 그런지 항상 일몰시간에 맞춰 갔다. 해가 지면서 세상이 붉게 물들어가는 그 순간은 따뜻하면서도 평온했지만, 곧이어 어두워지는 그 짧은 시간이 왠지 모르게 허망하고도 아련하

게 다가왔다. 붉은 해가 서서히 사라지면서 캄캄해지는 풍경은 마치 내가 느끼고 있던 혼란과 상실감의 축소판 같았다. 그 짧고 찬란한 순간이 사라지고 어두운 밤이 찾아오는 그 순간이 오히려 마음을 편안하게 해주었다. 노을을 보며 나는 그 시간의 변화를 통해 내 내면의 변화를 마주했다. 붉은 색이 서서히 지고 나면, 세상은 곧 캄캄해지지만 그 짧은 시간에 담긴 평온함은 오랫동안 내 마음속에 남아 있었다. 그 짧은 순간이 반복되면서 나는 그곳에서 마음의 위안을 찾고, 새로운 방향을 모색하는 힘을 얻었다.

해가 지고 나면 바다와 하늘이 함께 어두워지는 그 장면은 나에게 삶의 불확실성과도 비슷했다. 하지만 그 속에서 나는 다시 일어설 힘을 얻었다. 서해의 노을은 나에게 단순히 아름다움만이 아니라 힘든 시기에 필요한 위로와 희망을 주었다. 그곳에서의 시간은 내게 소중한 기억이자 내가 다시 음악을 이어갈 수 있는 용기를 주었던 순간들이었다.

과거와 현재를 잇는

골목길 풍경이 나에게는 특별한 의미를 지닌다. 그곳은 단순히 공간이 아니라 추억과 감정이 섞인 시간의 조각들로 가득 찬 장소다. 골목길은 정겹고 따스한 공간이면서도 때때로 몽환적이고 불확실한 감정을 불러일으킨다. 어린 시절을 보낸 포항에서의 골목, 그 길 위에서 느꼈던 감정들은 지금도 여전히 생생하다.

골목길을 통과하며 보았던 해질녘의 광경을 떠올린다. 그때의 하늘은 붉게 물들었고 세상이 따스한 색조로 감싸였다. 해가 지면서 짧게 펼쳐진 붉은빛은 순식간에 사라지지만, 그 찰나의 순간이 주는 평온함은 여전히 내 마음속에 깊이 새겨져 있다. 해가 지기 전, 골목길은 차분한 빛으로 물들며 공을 차고 뛰어다니던 순간들은 그곳에서 흐르는 시간의 일부가 되었다. 저녁이 다가오면서 골목길에 퍼지는 찌개 냄새는 따스한 기억의 조각처럼 내 마음속에 남아 있다. 그 어린 나이임에도 불구하고 친구들이 하나 둘 집으로 돌아갔을 때 나는 그 조용한 공간에 혼자 남아 여운을 즐기곤 했다. 돌이켜보면 여운이라는 걸 뭘 안다고 그 침묵을 즐겼을까?

부모님의 이혼이라는 현실이 나를 집으로 돌아가게 만들었지만 골목길은 그 상황을 일시적으로 잊게 해주었다. 골목길은 그 당시 내게 사탕보다 달콤한 도피처이자 현실을 회피할 수 있는 공간이 되었고, 그리고 또 시간은 세상의 고요함과 내면의 평화를 찾는 공간이 되었다. 벽에 공을 차며 홀로 남아 있던 순간들은 내가 집으로 돌아가는 것보다 더 자연스럽고 자유롭게 느껴졌다.

지금도 골목길의 풍경을 떠올리면 그 시절의 따뜻한 기억들이 서서히 풀어지는 듯하다. 그 공간은 나에게 잊지 못할 정서적 자산이자 존재의 본질을 상기시키는 장

소가 되었다. 골목길은 나의 과거와 현재를 잇는 연결고
리, 그리고 나만의 평온한 세계가 되어 있다.

　　서울의 분주한 도심 속에서는 잘 느끼지 못하는 골목
길의 감성이 최근 몇 년 사이 젊은 세대들 사이에서 힙
한 문화로 자리잡고 있다. 그들의 눈에는 낯설고 신선한
매력으로 다가올 것이고, 그 시절의 향수를 아는 어른들
에게는 아스라한 추억의 조각처럼 느껴질 것이다. 이러
한 변화 속에서 점점 사라져 가는 골목길의 감성을 사진
으로 기록하는 것이 나의 중요한 사명아닌 사명이 되어
버렸다.

사진을 찍는다는 것은 단순히 이미지를 담는 행위가 아니다. 그것은 기억과 감정을 시각적으로 보존하는 방법이다. 골목길의 구석구석, 그곳의 일상적인 풍경 속에 숨겨진 특별함을 포착하는 것이 사진을 찍는 내게는 중요하다. 사진 속에서 그 길의 질감, 색감, 그리고 그곳에서 풍겨오는 분위기를 한 장 한 장 담아내는 일은 과거의 감성을 현재와 미래로 이어주는 다리 역할을 한다.

옛것들이 점차 사라져 가는 것은 아쉽고 안타깝지만 사진을 통해 그들의 흔적을 남기려는 노력이 내게 큰 의미를 갖는다. 골목길의 푸르스름한 벽, 어두운 골목의 따스한 조명, 그리고 거리에서 풍기는 저녁의 향기까지, 모든 것이 사진 속에서 남을 거다. 최대한 생동감이 느껴지도록. 그리움의 감정을 단순히 기억하는 것이 아니라 사진 속에서 구체적으로 마주할 수 있는 것이다.

사진으로 기록된 골목길의 풍경은 시간이 지나도 변치 않는 기억의 조각이 된다. 그렇게라도 골목길의 특별한 감성을 보존하려는 노력은 계속될 것이며, 사물이 감정을 느낄 수만 있다면 사진들이 숨을 쉴 수 있도록 돕는게 내 역할이다. 그 순간들이 사진 속에서 영원히 살아 숨 쉬게.

할머니, 나의 할머니

　어린 시절, 할머니와 함께한 추억은 내 인생에서 결코 지워지지 않는 소중한 기억이다. 초등학교 2학년 무렵 부모님이 이혼하신 뒤, 나는 방학마다 영덕에 있는 할머니 댁에서 긴 시간을 보냈다. 그 시절 내게 할머니는 부모님 못지않게 소중하고 든든한 존재였다. 할머니는 누구보다 따뜻하고 믿음직스러운 어른이었으며, 무엇보다 나를 사랑으로 보듬어 주셨다.

　할머니께서는 종종 마룻바닥에 편히 누워 노래를 흥얼거리셨다. 그중에서도 특히 기억에 남는 곡은 '소양강 처녀'였다. 당시에는 그 노래가 어떤 내용을 담고 있는

지 잘 몰랐지만, 할머니 옆에 나란히 누워 그 노래를 따라 부르던 그 시간이 무척 평화롭고 마음이 꽉 차는 듯한 기분이 들었다. 할머니는 내게 "너는 노래를 참 잘하니 나중에 가수가 되면 좋겠다"라고 말씀하시곤 했다. 그때는 그저 농담으로 들었지만, 그 말이 음악에 대한 내 애정을 키워 준 계기가 되었다. 고등학생 때 진지하게 음악을 전공하겠다고 말씀드렸을 때, 할머니는 "그게 무슨 돈이 되겠니?"라며 걱정스러운 눈빛을 보이셨다. 노래가 내 인생이 되어버린 지금, 그 시절 할머니의 말씀이 묘하게 그리워지기도 한다.

시간이 흐르고, 팬텀싱어를 통해 데뷔할 기회를 얻게 되었을 때 할머니는 늘 "언제쯤 TV에서 너를 볼 수 있겠니?"라며 내 길을 응원해 주셨다. 그러나 막상 활동을 시작하고 나서는 할머니의 건강이 급격히 나빠지셨고, 병원에 입원하게 되셨다. 치매로 인해 내가 무대에서 노래하는 모습을 끝내 보지 못하신 채 병상에 계신 할머니를 더 자주 찾아뵙지 못한 것이 지금도 가슴 한구석에 묵직하게 남아 있다.

그러던 어느 날, '문화콘서트 난장' 프로그램의 녹화를 위해 이동하던 중 할머니께서 돌아가셨다는 소식을 들었다. 차 안에서 그동안 참아왔던 눈물이 터져 나왔고, 한동안 슬픔에서 벗어날 수 없었다. 그날은 공교롭게도 정미조 선생님의 '귀로'를 부르는 녹화 날이었다. 무대에서 그 노래를 부르며 마룻바닥에 나란히 누워 '소양강 처녀'를 함께 부르던 할머니와의 추억이 떠올라 눈시울이 붉어졌다. 나는 그날 무대에서 할머니와 함께했던 그리운 시간을 되새기며 마지막 인사를 드리는 마음으로 노래를 불렀다. 그 무대는 지금도 내게 음악과 삶의 의미를 되새기게 하는 소중한 기억으로 남아 있다.

공연이 끝나고 장례식장에 도착했을 때, 나는 그동안 쌓였던 감정을 주체하지 못하고 펑펑 울었다. 모든 순간이 쉽사리 잊혀지지 않았다.

어디서든 언제든
아주 잊지 않길

내 목소리가 나오는 한,
두 눈이 보이는 한.

앞으로 내게 큰 바람이 있다면, 내가 가진 재능으로 나답게 잘 먹고 잘 사는 삶을 사는 것이다. 우주대스타가 되겠다거나 이름을 날리겠다는 큰 포부까지는 없다. 하지만 내가 잘할 수 있는 것들로, 적어도 내가 먹고 싶은 음식을 자유롭게 먹을 수 있고, 좋은 사람들과 따뜻한 시간을 보낼 수 있는 삶을 원한다.

내 목소리가 나오는 한 계속해서 노래하는 사람이 되고 싶다. 그리고 두 눈으로 세상을 시원하게 담아볼 수 있을 때까지 사진도 오래도록 찍고 싶다. 그 순간들을 남기며 그 속에서 나만의 여유와 기쁨을 찾을 수 있다면 더할 나위 없이 좋을 것이다.

인생은 단 한 번뿐이고, 지나간 일들은 되돌릴 수 없다. 내 인생이니만큼 누군가를 위해 살아가기보다는 내가 행복할 수 있는 삶, 먼 훗날 돌이켜볼 때 후회 없는 삶을 살고 싶다는 생각이 든다. 오늘 하루를 살더라도 내가 소중히 여길 수 있는 시간을 쌓아가며 그런 인생을 살아가기를 바라본다.

어른 김장하

작년에 우연히 보게 된 〈어른 김장하〉라는 영화가 있다. 이 영화는 60년 동안 한약방을 운영하며 수익을 남모르게 사회에 환원하고 어려운 사람들을 위해 헌신한 김장하 선생님의 이야기를 담고 있다. 헌신과 나눔으로 가득 찬 그의 삶은 많은 사람들에게 큰 울림을 주었고, 화려한 연출 없이 소박하고 진솔한 방식으로 표현한 덕분에 영화를 보는 내내 깊은 감동과 함께 마음 한구석에 묵직한 여운이 남았다. 김장하 선생님처럼 타인에게 힘이 되고 진심으로 돕는 어른이 되고 싶다는 다짐을 하게 되었다. 그날 이후, 나 역시 어떤 어른이 되어야 할지에 대해 깊이 고민하게 되었다.

활동 초반, 한 인터뷰에서 꿈이 무엇이냐는 질문을 받은 적이 있다. 그때 나는 "돈을 많이 벌고 싶다"고 대답했는데, 이는 내가 가진 재능을 최대한 발휘해 경제적 성취를 이루고, 어려움에 처한 예술가들이나 어린 친구들을 돕고 싶다는 생각에서 나온 답변이었다. 지금 돌이켜보면 단순한 대답으로 보일 수 있지만, 나름 진심을 담은 말이었다. 활동을 이어가며 내가 가진 것들에 대해 더 깊이 고민하게 되었고, 그 과정에서 내가 바라는 이상향도 점차 분명해졌다.

내가 바라는 이상향은 필요할 때마다 기꺼이 도움의 손길을 내밀 수 있는 사람이 되는 것이다. 내가 쌓아온 경험과 재능이 타인에게 힘이 된다면, 그보다 의미 있는 일은 없을 것이다. 내가 지향하는 삶은 단순한 물질적 성취가 아닌, 진심으로 다가가서 도움을 주고 그들의 성장을 지지할 수 있는 사람이 되는 것이다.

이제는 나 자신을 되돌아보며 김장하 선생님처럼 주변의 이웃과 소외된 사람들에게 도움이 될 수 있는 사람

이 되기 위해 꾸준히 노력하고자 한다. 앞으로 예술로
사람들에게 감동을 전하며, 스스로 더 나은 사람으로 성
장하는 것.

One

Chapter 5.

마지막 시선

224

Chapter 5.

Chapter 5.

230

Chapter 5.

Chapter 5.

에필로그

　『음악에 머문 시선』책을 쓰면서 어린 시절의 기억을 하나씩 꺼내어 다시 음미하는 듯한 기분을 느꼈습니다. 이 글을 통해 스스로를 돌아보고, 새로운 눈으로 제 모습을 재발견할 수 있었어요. 바쁜 일상 속에서 잠시 잊고 지냈던 저 자신과 다시 마주하며, 마치 오래전에 놓쳐버린 소중한 기억을 되찾은듯한 느낌이 들었습니다.

　"내가 기억하는 나는 어떤 사람인가?"라는 질문을 스스로에게 던지며, 걸어온 길을 천천히 되짚어 보았습니다. 어린 시절 할머니와의 추억, 음악에 대한 열정, 그리고 힘든 순간마다 곁을 지켜준 소중한 사람들까지. 제 이야기는 다소 서툴고 모자라지만, 그 안에 저만의 삶의 색깔이 진하게 묻어 있습니다. 이 여정을 통해 과거의 저뿐만 아니라 앞으로의 저 자신도 더 기대하게 되었습니다.

이 책을 통해 제 이야기를 들어주고 읽어주실 독자분들께 감사의 마음을 전합니다. 부족하고 두서없는 글일지라도 제 진심이 조금이라도 전해진다면, 그 자체로 이 작업은 큰 의미가 될 것입니다. 책을 완성하는 과정에서 도움을 주신 모든 분들께 진심으로 감사드리며, 이 책이 저와 독자 모두에게 마음을 나눌 수 있는 소중한 다리로 남기를 바랍니다.

2024년 11월
유채훈

유채훈 뮤직아트 작품집

저자 유채훈 　　**1판 1쇄** 2024년 11월 25일
펴낸이 김두영
전무 김정열
콘텐츠기획개발부 김가람
디자인기획개발부 김세연, 양시원
제작 유정근
마케팅기획개발부 이천희, 이두리, 신찬
경영지원개발부 윤순호, 권지현, 한재현

펴 낸 곳 삼호ETM (http://www.samhomusic.com)
　　　　　 경기도 파주시 문발로 175
　　　　　 마케팅기획개발부　　전화 1577-3588　　팩스 (031) 955-3599
　　　　　 콘텐츠기획개발부　　전화 (031) 955-3589　팩스 (031) 955-3598
등 　록 2009년 2월 12일 제 321-2009-00027호

ISBN 　　978-89-6721-550-7